次世代リーダーが知っておきたい

海外進出失敗の法則

公認会計士
森大輔

パノラボ

はじめに

縮小を続ける、日本市場――。

少子高齢化や人口減少という構造的問題を抱え、いまだその解決の糸口は見えないのが現状です。そんな国内市場ではいずれ立ちいかなくなると判断し、海外進出に打って出る日本企業は後を絶ちません。

グローバル経済にどう参加し、どのようにビジネスを成長させていくか。

多くの企業にとって、海外進出は新たな未来を切り拓くための喫緊の課題です。老舗企業の後継者からベンチャー企業の経営者まで、次世代を担うリーダーたちにとっては、この先の経営戦略を描くうえで、国外に新天地を求めるのが主要な選択肢の一つとなっています。

現在、日本企業が海外進出を志す理由の一つは、販路の拡大です。

ＪＥＴＲＯ（日本貿易振興機構）の調査によると、２０２２年における海外進出先の選定理由として83・１％の企業が「市場規模・成長性」と回答しています。

そうして縮小する国内市場からの脱却を目指すのに加え、新たな技術やノウハウの獲得など、海外進出の目的は多様化しています。

それに伴って進出する国もまた広がり、中国やアメリカ、ヨーロッパといったおなじみの進出先に加え、タイ、ベトナム、インドネシアなどアジア圏をターゲットとする企業も増えています。

私は公認会計士として数々のグローバルプロジェクトに参加し、日本企業の現地法人に対して、財務諸表監査や内部監査、内部統制業務、ガバナンス構築支援を行ってきました。

そうしてさまざまな企業の海外進出を俯瞰的に見る中で、「失敗する企業には共通点がある」と気づきました。

逆に見れば、海外事業につきものとなる〝落とし穴〟の存在をあらかじめ理解し、回避することができたなら、日本企業の国外進出はより成功しやすくなるはずです。

世の中には、海外における子会社設立のやり方や、各国ごとの法律解説、販路拡大のメソッドなど、ノウハウやテクニックをまとめた書籍はいくつもあります。

しかし、実際にあった事例をもとに、「海外進出のリアル」を伝える書籍は、さほど多くありません。

本書では、私の経験から海外事業の生々しい実態と失敗の法則を伝え、よくある落とし穴に陥らないための具体的な対策を解説していきます。

なお、失敗例がより自分事として感じられるように、一つひとつを小説風にまとめて読みやすい形にしてあります。

本書の主人公たちの悪戦苦闘を楽しんでもらいつつ、本書が自社の海外進出を成功へと導き、ひいては日本企業が元気になるきっかけの一つになれたなら、著者としても、一人の日本人としても、うれしい限りです。

第2部

『気づけぬ不正』編

第1部

『異文化の壁』編

ケース①

クロスボーダー内部監査の火薬庫
……異文化の衝突が組織崩壊につながる

「内部監査*、ですか……」

人事部長から直々に辞令を受けたとき、Kさんは戸惑いを隠せませんでした。たしかに本流からはやや外れてしまっていたけれど、さまざまな部署を経験し、キャリアを積み重ねてきたつもりでした。人脈もそれなりに広がり、50代に差し掛かった今でも会社のためにやれることは多いと、Kさんは考えていました。

Kさんが勤めるのは、機械部品を主力としつつ多種多様な製品も扱う大企業であり、国内にとどまらず海外にもいくつもの拠点を持っています。ただKさん自身は、それまで海外勤務の経験はありませんでした。

「知ってのとおり、最近うちは社長の号令でコンプライアンスの徹底に力を入れています。国内のグループ会社には、日頃からある程度目を配ってきましたから、そこまで大きな違反はないはずですが、一方でブラックボックス化しているのが海外です。特に最近、買収して統合を進めているいくつかの子会社で、不審な動きがあるようです」

人事部長はそこまで言って言葉を切ると、じっとKさんを見つめました。

「それはつまり、私も海外に行けと……」

「いえ、もちろん海外拠点に転勤するような話ではありません。ただ、内部監査部門のトップとしていくつかの国の子会社に出張し、監査を行っていただくことになります」

「はあ……」

予想外の人事に、Kさんは間の抜けた返事しかできません。ただ自分がさらに本流から遠いところへと押し流されるのだけは、理解できました。

だからといって会社を辞めるほどの気概はありません。気持ちを切り替えねばなりませんが、Kさんはそもそも監査がいかなるものかすら正確にはわかっておらず、ただ不安ばかりが膨れ上がっていきました。

そんな胸中を見透かしたかのように、人事部長は言いました。

「内部監査とは、いわば社長の代わりにグループ会社に出向いて、健全に事業が行われているかをチェックする仕事です。責任ある立場で業務を遂行する、やりがいのある仕事だと思います。これまでKさんが培ってこられた調整力をフルに生かし、ご活躍されるのを期待しております」

「しかし部長、英語すらまともにできない私に、果たしてそんな役目が務まるでしょうか……」

無駄だとは思いつつ、なんとか考え直すようにと暗に伝えてみましたが、当然ながら一度決まった人事がそう簡単に覆ることなどありません。

そこから家に帰ったKさんは、すぐにパソコンの電源を入れ、内部監査について調べました。

(……海外ではむしろ出世の登竜門であり、将来の幹部候補生が経験するのか。でも日本ではどうなんだろう)

ネット上にある玉石混交の情報だけでは、なかなかその実情は見えてきませんでした。

こうして不安を抱えたまま内部監査部長となったKさんでしたが、まさかいきなり大きなトラブルが起きるなど、さすがに想像してはいませんでした。

ドイツ南部のとある田舎町が、Kさんの内部監査の初舞台となりました。

そこにある子会社は、主にヨーロッパへ機械部品を供給しています。買収して10年ほどになりますが、いまだに日本式のやり方に抵抗を示すことが多く、トラブルの多い要注意先となっていました。

いつまで経っても変わらない状況に痺れを切らした本社社長直々のお達しで、内部監査部長となったKさんは、ドイツへと飛んだのでした。

14時間を超えるフライトの後、ようやくミュンヘン国際空港へ降り立ったKさんの横では、同行した内部監査員が目を輝かせていました。

「部長、ドイツは初めてですか？　私はずいぶん前に一度だけ行ったことがありますが、もうあの頃とは違うんだろうな、街を歩くのが楽しみです。それになにより、オクトーバーフェスト！　世界最大級のビールの祭典の地が、まさにミュンヘンですよ。タイミングも完璧でしたね、ささっと仕事を終わらせて飲みまくりましょう！」

見知らぬ地で緊張を隠せないKさんは、その対極とも言えるお気楽な部下の発言に、思わずむっとしました。

（そんなだからお前は出世できないんだよ）

心の中でそう毒づきましたが、英語能力だけは高く、通訳として同行する彼の機嫌を損ねて良いことなどありません。言葉にするのはぐっとこらえました。

「J氏と会うのは、現地でよかったかな」

「はあ、J氏……ああ、A社の幹部ですね、そうです。ばっちりメール入れておきました」

「きみ、直接連絡してないのか」

「だから、しましたよ、メールで。何日か前に返事もあったので大丈夫です」

その一言で部下の能力がどの程度か想像がついたKさんは、思わず頭を抱えました。

A社とは、ヨーロッパに散らばる子会社を統括する組織であり、イギリスを本拠地としています。各子会社の決算数値のとりまとめからコンプライアンス指導まで担い、日本の本社ともやりとりの多い立場ですが、やはりドイツには相当手を焼いてきたのか、監査にあたって経理部門トップであるJ氏がわざわざ現場までやってきて、監査に協力する運びとなっていました。そのことが異例に思え、Kさんはある種のきな臭さを感じていました。

＊内部監査とは……企業の財務会計や業務などについて、企業内の独立した監査組織が調査・評価し、報告や助言を行うこと。主に業務効率化や不正の防止などを目的として実施される。上場企業や比較的規模の大きな非上場企業では、内部監査室や内部監査部が配置され、内部監査人は経営者の代わりとなって企業の財務や業務をチェックする。

トラブルメーカーの素顔

監査当日、無事にJ氏と合流できただけでKさんは胸をなでおろしました。

J氏は中肉中背で、青い瞳にブラウンヘアー、目鼻立ちはくっきりしており、頬は少し赤く、Kさんが想像していたイギリス人のイメージそのままといった印象でした。年齢はKさんと同じくらいに見え、経理畑らしい理知的な雰囲気を漂わせていました。

部下がいかんなく英語力を発揮し、J氏と談笑する横で、Kさんはただにこにこしているしかできませんでしたが、それでもJ氏に一定の信頼感を抱きました。

今回の内部監査のポイントは、本社との連携の仕方や、決算書に問題はないか、会計上の見積もり項目は適切か、などいくつかありますが、やはりメインはコンプライアンスです。

「うちの社長直々のお達しなので、くれぐれもよろしくお願いします」

部下を介してそう伝えると、J氏は表情を変えることなくうなずきました。

そうして三人でスクラムを組み、まず行わねばならないのが、ドイツの会社を取り仕切る社長への挨拶とヒアリングです。

社長はこれまでいくつもの大手企業で経営に携わってきた華々しいキャリアの持ち主であり、やり手なのは間違いありません。しかし、だからこそプライドが高く、本社の指示に耳を貸さず自分なりのやり方を貫くようなことが目立ちました。

それまでもドイツの子会社では細かいトラブルがありましたが、新社長が就任した三年前からは、本社とのミスコミュニケーションに拍車がかかり、問題がしょっちゅう起きるようになっていました。事前情報では、この社長こそがトラブルメーカーであり、いかに説得して監査に協力させるかが肝だろうと指摘されていました。

果たしてどんな人物が出てくるのか……Kさんは緊張しながら社長室の扉を開けると、その部屋の主はすぐにデスクの椅子から立ち上がり、にこやかな表情でこちらに歩み寄ってきました。

「ようこそ！　お待ちしていました」

英語がわからないKさんにも、歓迎されているのが伝わってきました。

それからの会話も終始にこやかで、とてもトラブルメーカーには見えません。

肩透かしを食らったKさんでしたが、とりあえずは安心しました。

（これなら監査にも協力的だろう）

そんなKさんの思いを代弁するように、部下も言います。

「部長、なんだか良い人そうですよ。よかったですね」

相手に合わせて愛想笑いを浮かべる自分たちの横で、J氏だけがどこか冷めた表情をしているのに、二人はまったく気がつきませんでした。

その後も、J氏と社長が挨拶の握手を交わすとき、途端に空気がピンと張り詰めるなどの〝予兆〟を察する力があれば、その後の展開が変わったかもしれません。

しかし残念ながら、二人は目の前の導火線に火が近づいていることにまったく気づかず、事態は水面下で動いていくことになります。

挨拶代わりの世間話の中で、社長の人となりや考え方、会社の状況がある程度把握できたところで、初日は終了。翌日はいよいよ、監査本番です。

青天の霹靂……近づく嵐の気配

どのような内部監査であっても、そのチェック項目は多岐にわたるのが一般的であり、海外の子会社のような把握しづらい相手ならなおさら、さまざまな点を確認しなければならないものです。今回の監査でも、本社が定めたルールどおりに業務が行われているか、コンプライアンス違反はないかなどの基本事項から、モノの管理の仕方、お金の動きと決算書の数字、税金などを期限どおりに納めているかといった細かな点にも目を光らせる必要がありました。

そこで力を存分に発揮したのがJ氏でした。

一つひとつを丁寧に、確実に調べていく几帳面さに加え、「おかしな点を見逃してたまるか」といった気概のようなものが感じられ、Kさんはその仕事ぶりにほれぼれしました。

J氏がまず手掛けたのは、モノの管理が適切に行われているかでした。建物や機械設備から小さな工具に至るまで、管理台帳に書かれているとおりにモノが揃っているか、チェックしていきます。

モノの管理は、いわば基礎中の基礎であり、それができていなければ会社としてはかなりまずいレベルにあると言わざるを得ない項目です。

最初はKさんも意気込んで、J氏と共に目を皿のようにして管理台帳を眺め、現場に行って数を照らし合わせていました。その作業は英語がわからずともある程度こなせましたから、ようやく役目を果たせているという実感もありました。

一通り確認が終わり、出た結論は「問題なし」。モノはきちんと管理されていました。

それを受け、Kさんはいよいよ安心しました。

そして英語ができないこともあり、以降の細かな実務は次第にJ氏に任せるようになっていきます。

監査は三日間にわたって行われ、J氏はそれなりに問題点を見つけているようでしたが、通訳である部下からのトラブルの報告もなく、Kさんは極めて順調に監査が進んでいると思っていました。

そうして迎えた最終日、あとは結果を取りまとめて子会社の社長に示し、改善を求めるという段取りを残すのみとなって、Kさんの心はすでに監査後の〝ご褒美〟へと飛んでいました。

（夜には、みんなでうまいビールをたらふく飲もう）

応接室の座椅子に腰かけ、相変わらずにこやかな表情の社長と対峙しながら、そんなことを考えていました。

しかし、隣に座るJ氏の重々しい雰囲気や、苦虫を噛み潰したような表情に、さすがにKさんも様子がおかしいと感じました。

部下を見れば、そんなJ氏を慮りもせず、社長と同じようににこにこしています。

（もしかして……こいつはまったく空気の読めない人間だったのか……）

すべてが順調なら、J氏が不機嫌を隠さないような状態でいるはずがありません。そしてもっともJ氏と長い時間を過ごしているはずの部下が、そうしたJ氏の様子に無頓着で、ただ指示されたことのみしか通訳、報告してきていなかったとしたら……。

そこでKさんはようやく、嵐がすぐそこまで迫っていることに気づいたのでした。

ついに衝突！　ビジネスの場でケンカが勃発

「いいか、とにかく一字一句、省略せずにありのままの言葉を通訳してくれ」

部下に厳しくそう伝えると、部下は戸惑いながらもうなずきました。

（二人の言葉にどんな感情が込もっているかは、自分で拾うしかないか……）

そんなKさんの心配は、悪い意味で裏切られました。

J氏と社長とのやりとりは、さほど間を置かず強い言葉の応酬となり、互いの感情は誰が見ても明らかだったからです。

J氏は最初、淡々と問題点の指摘を行っていました。その内容は、Kさんからしても合理性があり、至極まっとうだと感じました。

ところがそれに対する社長の解答は、いずれも要領を得ず、言い訳ばかりが繰り返され、何も答えていないに等しいものでした。

その社長の受け答えの様子に、Kさんは愕然としました。

「にこやかで感じの良い笑顔」の裏には何が隠されていたのか、ようやく理解したのです。

そこにあったのは、嘲笑でした。

相手に対する敬意などまったくなく、本気で向き合おうともせず、適当にあしらって終わらそうとする……いくつもの問答を通じ、そんな態度がはっきりと見えました。

「いいかい、うちの業績は別に悪くないだろう。それは私の能力の証明だ。実績をあげているのに、内部監査なんてどうかしているし、正直迷惑なんだよ。あなたたちが日本に持って帰る言葉は、たった一言だ。『No Problem』それだけ言えば、この仕事は終わりさ」

にやにやしながらそう言い、社長が足を組み直したその時でした。

J氏がついに、堪忍袋の緒を切らしました。

「Bull Shit!」

さすがのKさんも、ビジネスの場ではまず出てこないスラングが持つ意味は即座に理解ができました。

それで相手の社長も顔色を変え、立ち上がりました。

そこからはもはや、ケンカです。互いに胸倉を掴み合い、激しい言葉で罵り合っています。

Kさんは慌てて止めに入りますが、「ストップ、ストップ」くらいしか単語が出てきません。頼みの綱の部下は、ソファーに腰かけたままぽかんとした表情です。

身を挺して二人の間に割って入ったKさんはすぐに弾き飛ばされ、机の角に強く頭を打ちつけて、力なく崩れ落ちました。

そこでさすがにケンカは収まりましたが、本質的な問題はなんら解決していないのは明らかです。Kさんは痛む頭を抱えたまま、途方に暮れたのでした。

トップの電撃解任で、組織が崩壊

Kさんの初仕事で起きた事件は、すぐに本社の知るところとなりました。Kさんよりも素早く、J氏が連絡を入れていたのです。

当事者の話ですから、その時点では本社も鵜呑みにはしなかったでしょうが、後のKさんからの一報により、ドイツの子会社の社長はやはり曲者であったという結論となりました。

肝心の内部監査の結果は、コンプライアンスという観点では最悪でした。

J氏の細かなチェックにより明らかになったのが、社長による使い込みでした。業績の良さを後ろ盾として、自家用車を社用車に、子どもの学費を研修費などに名目をごまかしつつ会社の金を私用で使っていました。

本来なら100万円を超える支出をする場合には、親会社の事前承認を受けなければなりませんが、それもまったく行わず、やりたい放題でした。

さらに、実は少し前に関税の税務調査が入り、5億円もの追徴課税を受けると決まったことも、社長は本社に報告していませんでした。仮に申告漏れが故意ではなかったとしても、本社に伝えていないというのはまずありえません。なぜなら親会社では、子会社が追加で負担が求められる債務について、有価証券報告書などで開示する必要があるからです。

このような事態は、ヨーロッパを統括する立場であるJ氏がこまめに社長とコミュニケーションを取り、時に現地に行ってチェックをすれば回避できたでしょう。しかしイギリスとドイツという異文化の壁がここでも立ちはだかりました。

さすがのJ氏も、異国にある業績の良い会社に対し、そこまで踏み込めなかったというのが実情でした。

結果として社長は更迭されました。そして、ただでさえプライドが高く、日本流を受け入れなかったドイツの子会社をまとめられる人間はなかなか見つからず、組織は崩壊……。本社のヨーロッパ戦略は大きな後退を余儀なくされたのでした。

解説編

人種や文化の違いを前提に、対立の起きづらいメンバーをアサイン

海外で事業を展開するにあたり、もはや必須と言っていいのがクロスボーダー内部監査です。

特にM&Aで新たに傘下に加えたような会社では、日本式のやり方をなかなか受け入れなかったり、本社が求めるコンプライアンスやガバナンス構築*が実施されなかったりしがちです。その場合、内部監査によって実情をしっかりと把握し、改善していく必要があります。

私は公認会計士として国内外のさまざまな内部監査を手掛けてきましたが、クロスボーダー内部監査においては、国内と同様の手続きを行うだけでは到底、満足のいく結果が得られないケースが多く、海外ならではの壁があります。

今回の事例では、イギリス人とドイツ人の間で激しい争いが起き、それによって

内部監査に支障が出て、後のトラブルへとつながりました。その背景には、実はそれぞれの国民性や、歴史的・文化的背景、それに基づく個人の習慣や性格からくるソフトスキルの違いが存在しています。

欧州が舞台だと、そこで暮らす人々の文化的な違いはさほど大きくないと思う人もいるでしょうが、その歴史を紐解けば異文化のぶつかり合いが各所で起きていて、大国同士でもさまざまなわだかまりを抱えているものです。

イギリス人とドイツ人も然りで、多くのイギリス人はドイツに好感を持っているでしょうが、一方で世界大戦による反目を忘れず、今でもドイツに反感を抱くイギリス人も一定数、存在します。またこれは個人的な感覚ですが、ドイツにもイギリスにライバル心を持つ人々がある程度、いるようです。

日本にいると、人種や文化の壁というのはなかなか意識することはありませんが、海外ではむしろ人種や文化の違いは前提であり、いかにそれを乗り越えるかについて、最初から考慮しておきます。クロスボーダー内部監査でも、人材をアサインする段階から候補者についてよく知り、対象となる会社を含め対立の起きづらいメンバーで固めるのがベストです。どうしても対立が起きそうなら、その当人同士の間に入れる中立的なメンバーをアサインしておくというのが、後のトラブルの予防になります。

なお、人事の観点でいうと、内部監査部門にはKさんのようなキャリアと人脈のあるベテラン社員が配属されるケースが多いと感じます。Kさんとその部下が適任だったのかはさておき、クロスボーダー内部監査でもっとも求められる力は、現場での対応力と調整力です。

想定外の出来事にも柔軟に対応でき、かつ異文化の衝突が起きないようにうまく間に入れる能力があるなら、それまでのキャリアや年齢にあまりこだわらずアサインするといいと思います。

続いて、今回のトラブルメーカーであるドイツ人の社長にスポットを当てると、実はこのような人物は、ヨーロッパやアメリカでは珍しくありません。特にM&Aで日本企業に買収された会社の経営陣には、それに屈辱感や反発心を持ち、傘下に入ったという意識が希薄なまま自分のやり方を貫こうとする人もいて、トラブルメーカーになりやすいです。内部監査についても、受ける必要などないと決めてかかり、協力を得るのが難しくなりがちです。

この事例のように、実力があり、プライドの高い人物がトップに座っているなら、その会社の動向には注意を払うべきでしょう。そしてこまめにコミュニケーションをとりながら、本社の理念ややり方を徐々に浸透させていく必要があります。また、統括する立場の会社に対しても、親会社に連絡・報告しやすい環境を構築しておくことが大切です。

ここで、参考までにグローバル企業が海外拠点を管理する際の手法について、代表的なものを挙げておきます。

日本の会社が海外のグループ会社を直接コントロールするのは難しいものですが、日本企業は中央集権型のシステムで子会社管理をしがちで、各事業本部に直接ぶらさげるようにして海外の子会社や孫会社のコントロールを試みる傾向が強いと感じます。

中央集権型だと、たしかに本社からの指示や意向が早く正確に伝わりやすいかもしれません。しかし一方で、事例のような異文化の壁をなかなか乗り越えられず、コンプライアンス違反や不祥事が起こりやすい側面があります。

2つの内部統制システム

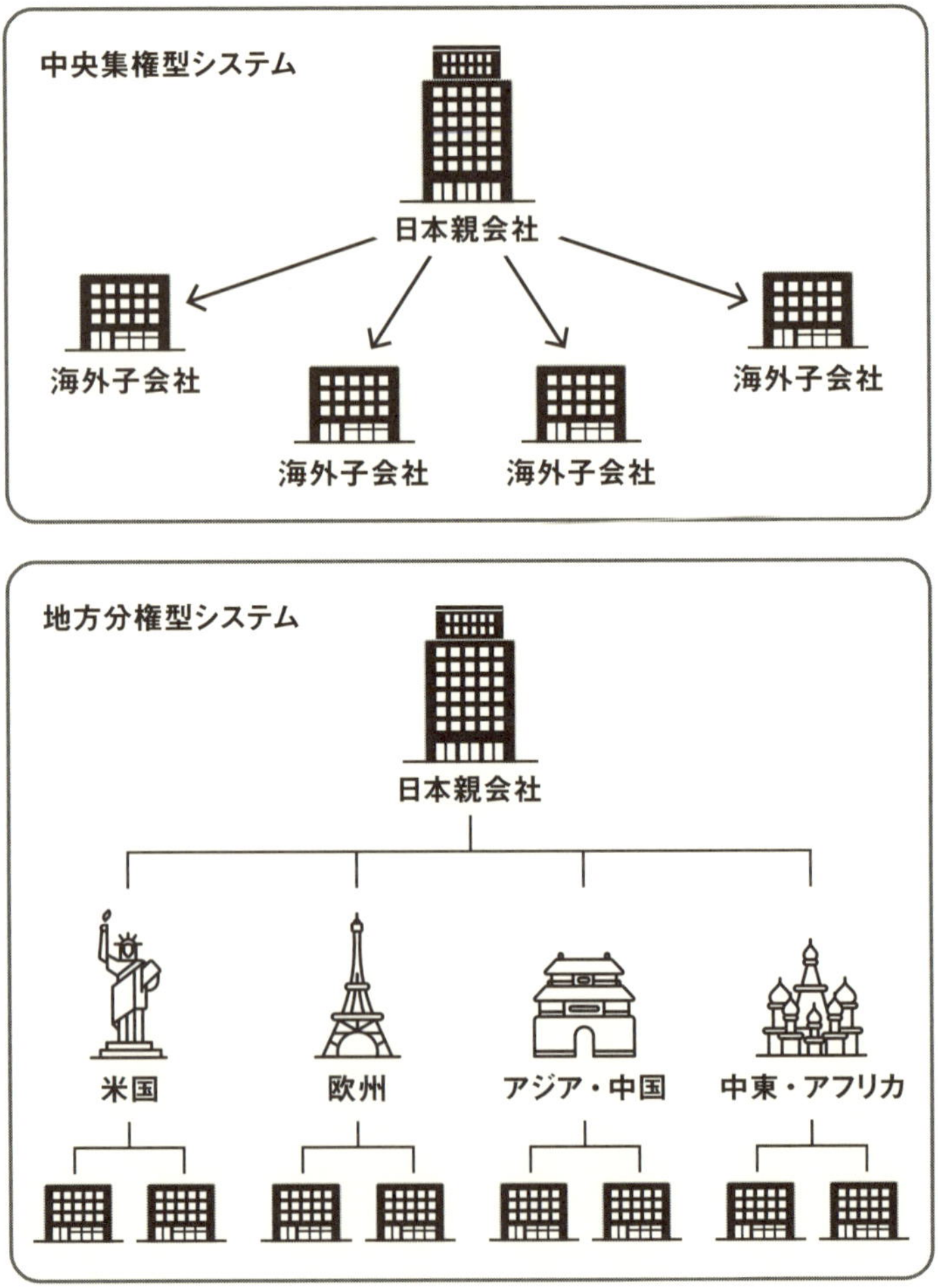

それを避ける方法として、地方分権をとりつつ、各地域に統括のために持ち株会社などを配するグローバルガバナンス体制を敷くのが望ましいです。地域の分け方としては、法律や文化が大きく異なる四大法体系（大陸法、英国法、社会主義国法、イスラム法）を意識するのがポイントです。

たとえば次ページの図のように欧州、アジア・オセアニア、北米・中南米にハブとなる持ち株会社を作り、地域の統括を任せるなどが挙げられます。なお、内部監査という視点からは、中央集権型システムでは日本親会社にある内部監査部門がすべての子会社を一括して監査を行い、地方分権型システムでは日本親会社とそれぞれの国における会社にも内部監査部門を置いて監査を行い、最後の折衷型の場合は日本親会社とそれぞれの地域にある持ち株会社（又は統括会社）に内部監査部門を置いて地域ごとの監査を行います。それぞれの監査形態のメリットとデメリットを比較衡量して内部監査体制を構築することが肝要です。

＊ガバナンスとは……英語で統治や統制、管理を意味する言葉であり、企業においては「健全な企業経営を目指す、企業自身による管理体制」を指す。組織が目的を達成し、長期的に発展してい

持ち株会社を使ったグローバルなグループ経営形態の例

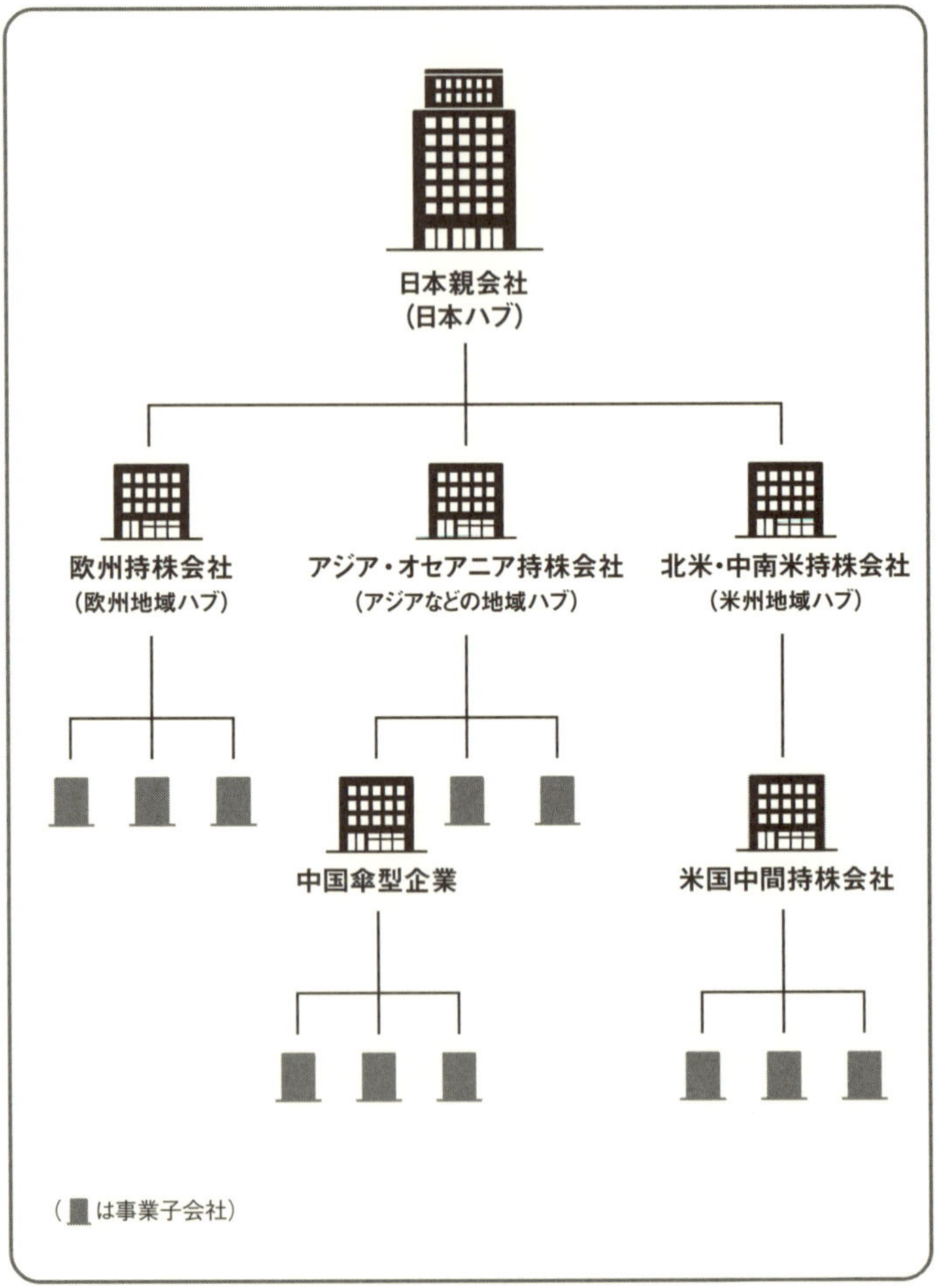

くためには、組織自らが健全な運営を行うための管理・統制をしていかねばならない。そうして企業経営が健全に行われるよう監督、評価する仕組みが求められる。これをコーポレートガバナンスという。

ケース②

無意識のハラスメントが招く悲劇

……裁判になり強制帰国

Mさんは、誰もが知る大手企業で、商品の企画開発や予算管理など商品の総合プロデュースを行うMD（マーチャンダイザー）として活躍してきました。

現在の役職は部長で、バブル期を越えて順調にキャリアを積み重ね、重役たちからも一目置かれる存在です。会社へのロイヤリティも高く、自社の看板にプライドを持っています。

そんなMさんに、「海外の子会社の社長になってほしい」という打診があったのは、50代の半ばに差し掛かろうかというタイミングでした。

バブル全盛の若い頃には世界中を飛び回り、海外に苦手意識はありません。

（オーストラリアが、今後のグローバル展開を占う重要な拠点であるのは誰もが認めるところだ。自らのキャリアの締めくくりにも、この会社の社長という肩書はふさわ

しい）

Mさんはそう考え、引き受けることにしました。

そして、正式な辞令から1カ月後にはオーストラリアの地を踏んでいました。

子会社があるシドニーは国内屈指の大都市であり、その象徴たるオペラハウスを見た時には、Mさんの気分はいよいよ高揚しました。

子会社に赴任してMさんがまず行ったのは、子会社上層部との懇親会でした。

「君、いくつなの」

「結婚している？　子どもはいるの？」

そうして自分から積極的にコミュニケーションを取り、部下たちの人となりを知ろうと努力しました。

「これからは、私のことを家族と思ってほしい」

そう言って笑うMさんに対し、周囲の人々がどこか冷めた表情をしているのに気づけていたなら、あるいは結末は変わっていたかもしれません。

社長となったMさんは、その子会社では思いのほか日本流のやり方が浸透していないことに気づきました。社員たちの感覚はどこかゆるく、社長である自分に対してもフランクです。定時に全員がいなくなるのは海外なら普通のことですが、いざ自らがトップに立ってみると、仕事を投げ出しているように思え気になって仕方ありません。

（これは抜本的な改革が必要だ）

Mさんはそう考え、本社のスタイルを浸透させるべく、厳しく指導することにしました。

日本では管理職として何百人もの部下を率いてきたので、自信もありました。

Mさん流の人材管理のコツは大まかにいうと二つ。「アメとムチ」と「なめられないようにする」ことでした。

叱る時はきっちり叱り、その分褒める時は大げさに褒める。厳しい要求をする分、結果を出したら十分に報いる。そうしてアメとムチを使い分けつつ、時には自分の言うことに盲目的にでも従ってもらうため、普段から威厳を保つことも大切であるというのがMさんの考え方であり、日本ではそれで十分、結果を出せました。

「私が社長でいる間に、売り上げを2倍まで持っていきます。厳しい道のりですが、歩き切った先には必ず素晴らしい未来が拓けていますから、みんなついてきてください」

社員たちを前に熱くスピーチをしましたが、反応はいまひとつで、それにもMさんは不満を感じました。

（まずは、弛緩した社内の空気を引き締めなければ……）

日本流のやり方を徹底し、社員との間に溝が生まれる

そこから、Mさんは部下たちにどんどん指示を出し、成果を求めました。自らの権威を誇示する意味合いもあり、異論や反論は認めません。はじめ自分のやり方を押し付けても、それで結果が出れば必ず人はついてくる。まずはなめられないことが重要だ。そう思っていました。

予算が達成できないなど、成果が上がらない部署に対してはときに残業を命じました。

「やればできる。本気になれ！」

それがMさんの口癖であり、時に強い口調で叱咤激励することもありました。そうしてトップ自らが熱を持ち、それを発信し続ければ、会社は必ず変わると信じて疑い

ませんでした。

そんなMさんの、唯一と言っていい心のよりどころとなったのが、秘書でした。

(美人で機転も利くし、愛想も良い。他の連中にも見習わせたい)

自らの娘と同世代であることもあり、次第に彼女が娘のように思えました。あくまで仕事上の付き合いとはいえ、秘書と話している時だけは、ひと息つけました。

「今度、彼氏を連れてきなさい。君にふさわしい人か、私が見てあげよう」

そうしてプライベートまで要らぬ心配をし、自分なりに秘書を気遣っていました。

そのように社員たちと接する日々でしたが、彼ら彼女らとの距離は思いのほか縮まりません。3カ月を過ぎても何の変化もなく、Mさんは首をかしげざるを得ませんでした。

(日本なら、そろそろ部下たちのやる気に火がつくはずだが……やはり文化が違うと改革も難しいのだろうか)

会社の雰囲気がはっきりと変わり始めたのは、それからさらに3カ月後のことでした。

ただそれはMさんが思い描いていた、社員たちが一丸となり、目を輝かせて仕事をしている風景とはまったく違ったものでした。

社員たちは露骨に自分を避け、目をかけてきた秘書ですら距離を置こうとしているのがわかりました。幹部社員の中には、指示に従おうとしない者も出てきて、関係性は殺伐とする一方でした。

ただ、Mさんにはその理由がまったくわかりませんでした。

（すべては会社と社員のためで、間違ったことは言っていないはずだ。なのになぜ……）

頭をひねりましたが、考えても答えは出ません。

（まあ、まだ半年だ。きっと今は過渡期なんだ。一年も経てば、私の熱意がみんなにも届き、わかってくれるだろう）

Mさんはそう思うことにして、その後も粘り強く自分流を貫きました。

すると予想よりも早く、事態は大きく動きます。

訴訟金額、100億円！

ある朝のことでした。

出社してすぐ、会社の中が閑散としているのにMさんは気づきました。

社内のフロアを歩いてみると人影はまばらで、まるで休日のようです。秘書室に行ってみましたが、無人です。

とりあえず社長室に入って秘書や重役たちに連絡をしましたが、誰もつながりません。

（一体、何があったんだ……）

事態が飲み込めぬまま途方に暮れていると、スマートフォンが鳴りました。

画面には、東京本社の電話番号が表示されています。

すぐに電話を取ると、相手は法務部でした。

「M社長、実は弁護士を通じて、そちらの従業員たちから当社を訴えるという訴状が届いています」

それを聞いてもMさんには意味がわかりませんでした。

「訴えるって……どういうことでしょう」

「訴状によれば、M社長によって日常的にパワハラやセクハラが行われ、その責任はすべて本社にあると言っています。法務部としてもすでに相手の弁護士と連絡を取っていますが、裁判になるかもしれません」

淡々とした説明を聞いても、まったくぴんときませんでした。

「パワハラ、セクハラ……私にはそんな覚えはありません。あくまでトップとして、すべきことをしたまでで……」

「従業員たちは、100億円もの賠償金を要求しています。立証によほどの自信があるということです」

「100億って、冗談でしょう。たかがパワハラで……」

相手はその言葉を遮るように言いました。

「いいですか。事態は社長の想像よりもはるかに悪いと考えてください。海外では実際に、個人に対するセクハラで200億円以上もの賠償金の支払いを命じた判例があります。今回は、従業員たちが連名で訴えを起こしています。100億という数字も非現実的とは言えません」

電話を切ってさほど間を置かず、Mさんの元に本社からの「帰国命令」が届きました。

Mさんはようやく事の深刻さを理解し、頭を抱えたのでした。

＊＊＊

後日、実際に裁判が行われ、度重なる交渉の末に和解へと至りました。

しかし、本社は2億円以上の和解金を支払わなければなりませんでした。

重要な拠点が半年以上も稼働しなかったことによる損害もまた大きく、加えて現地での企業イメージも地に落ち、Mさんの会社はオーストラリアからの撤退を余儀なくされました。

解説編

巨額の損害賠償がつきまとう、海外のハラスメント裁判

近年、日本でもパワハラやセクハラなどの「○○ハラスメント」が注目を集めています。厚生労働省の調査によると、およそ6割の人々が職場において何らかのハラスメントを経験したと回答しています。ただ、それが裁判にまで発展するのはまだまだ少なく、人間関係に悪影響が出るのを恐れて口をつぐんでしまう被害者もいます。

一方の海外では、ハラスメントに対しては日本よりもはるかに厳格に対応するのが常識です。ハラスメントとはすなわち差別や排除の行為であり、個人の権利を著しく侵害すると捉えられているからです。

こうした差が生まれている背景の一つとして、日本人特有といえる感覚の違いがあります。過去の日本では、会社が命じれば残業など当たり前、部下を怒鳴りつけ

る上司も普通に存在し、セクハラはともかくパワハラに関してはあまり認知されることはありませんでした。また、終身雇用、家族型経営という独自の環境においては、年齢や結婚などプライベートに関わる質問もある程度、許容される空気感があったのかもしれません。

そして、そのような時代を経験してきた世代の中には、いまだにその感覚が残っていて、半ば無意識にハラスメントを行う人がいます。

物語の主人公であるMさんもまさにそのタイプで、従業員たちに対しまったく悪気なく、ハラスメントをしてしまっています。

初対面で年齢や婚姻歴について聞き、部下の異論は認めず、残業を命じ、大声で〝叱咤激励〟し、秘書には「彼氏を連れてこい」と言う……。並べれば明らかに度を越しているように思えますが、Mさんにとっては組織を引き締めるために必要なコミュニケーションに過ぎず、ハラスメントであるなどとは思いもしなかったのです。

しかし実際には、この事例にあるMさんの部下に対する行動のすべてがハラスメントにあたり、特に海外では、どんな理由があれど許されるものではありません。

ちなみに世界では宗教、政治、性別、財布の話はビジネスでは話さないことが大原則です。

なお、このように日本人の管理職が海外に赴任し、現地従業員から訴えられるというケースは何もMさんだけのことではなく、実はかなりの数、存在しています。

そして、海外でのハラスメント訴訟は日本とは比べ物にならないほど巨額の損害賠償がついてまわり、ダメージもまた大きくなりがちであると肝に銘じなければいけません。

企業の側としては、海外支社を任せるならハラスメントに対する感覚が適正かどうかを慎重に見極め、わずかでもその気配があれば、いくら有能な人物であってもアサインしないようにするのが大切です。

ケース③

愛想が良いからと信じるな

……現地採用の失敗で監査コスト増

日本の大手メーカーに勤めるAさんがイギリスの子会社に赴任したのは、実績を買われてのことでした。

日本の親会社から海外の子会社に駐在員を送る場合、4年から6年くらいの周期で派遣されるのが一般的で、だいたいは現地のトップや役員、事業部長として赴任します。Aさんの所属する大手メーカーもまたその例に漏れず、子会社の後任者を選ぶ時期がきていました。

その子会社は業績こそ悪くありませんでしたが、適切な財務管理が行われていないと本社では見ていました。そこで、長年経理部をまとめ上げてきた実績を持つAさんに白羽の矢が立ったのでした。

それまで海外赴任の経験はなく、英語も苦手なAさんでしたが、会計にまつわる数字は基本的に世界共通です。会社の期待に応えるためにも、イギリス行きを決意しました。

子会社があるロンドンは、世界中から人が集まり、学び、ビジネスをしている国際都市です。子会社の役割としては、ヨーロッパ中に散らばるグループ会社の金融部門といった位置づけで、グループ会社に対する融資などを取りまとめています。売り上げ規模は100億円ほどと、それなりの規模です。会計にメスを入れるのもある程度の時間がかかるのは想像に難くなく、Aさんは気を引き締めて現地入りしました。

そして着任後には、さっそく会計帳簿を確認しました。

会計帳簿とは、会社のあらゆる取引を記録した帳簿であり、貸借対照表や損益計算書を作成するうえでも欠かせないもので、決算を行うための基盤となります。

それを一瞥しただけで、Aさんには会社の経理が弱いこと、そして前任の社長がいかに経理に興味がなかったかがわかりました。

後に確認したところによると、経理部は人材不足で、会計帳簿の整理まで手が回っていないようです。

(やはり本社の見立てどおり、基本的な管理が甘い。まずは経理部を立て直さねば……）

とはいえ社長という立場で、しかも英語が話せないAさんが、自らすべてを取り仕切るには無理がありました。

そこでAさんは、会計帳簿の整理を専属で行う新たな人材を現地採用することにしました。

イギリスの転職市場は活発で、募集をかけると多くの人が集まりました。

経理の豊かな経験があるのは前提として、英語が苦手な自分にも従順で、かつ人当たりの良い人材を、Aさんは探しました。

選考は1カ月に及びました。そして多くの応募者の中からAさんが選んだのが、U氏です。

U氏はインド人の男性で、年齢は40代、大手企業の経理部でマネージャーを務めた経歴がありました。ぽっちゃりとした体格と、くるりとした癖毛、そして丸く大きな目の持ち主で、まさに〝愛嬌の塊〟です。何かにつけて「イエッサー！」と威勢の良い返事をするのも印象に残りました。

（この人ならコミュニケーションもとりやすいし、私が指示したことを従順にこなし

てくれそうだ）

良い人材が見つかったと、Aさんは胸をなでおろしたのでした。

「イエッサー」の返事を信じ、すべてを任せる

Aさんの期待どおり、U氏は英語ができない雇い主にも従順で、いつも愛想良く接してくれました。

「まずは債権債務を整理して、会計帳簿をきれいにしてほしい」

「イエッサー！」

その後も何か指示を出せば、すぐに「イエッサー！」と返ってきます。そして文句一つ言わずに取り組んでくれるので、Aさんとしても楽でした。

日本の感覚だと、上司の指示にいちいち疑問をはさんで煙たがられるようなことはあまりしないのが一般的でしょうが、欧米では、たとえ社長が相手でも納得できなければ従わない、動かないという人も散見されます。その意味でも、U氏はAさんにとって理想的でした。

はじめこそAさんもU氏に仕事の進捗を確認していましたが、「ご安心ください！　完璧です」「順調そのもので、もう少しのところまできています」など、にこにこしながら力強く答えてきます。

U氏の元々のキャリアが申し分ないことと、慣れない社長業で手一杯になっていったことで、Aさんは次第に彼にすべてを任せるようになっていきます。

そうして気づけば採用から半年が過ぎ、会計監査の時期がやってきました。

イギリスにおいて、未上場の会社の決算書類は、原則として決算日から9カ月以内に公認会計士や監査法人が監査したことを証明する監査報告書と共に公官庁へ提出することになっています。

「帳簿の整理、できていますよね。監査は任せていいですね」

念のためU氏にそう確認すると、間髪入れずに答えます。

「イエッサー！　完璧です。お任せください」

それでAさんも安心し、担当する会計士に対しても「特に問題はないはずですので、よろしくお願いします」と伝えました。

あとはU氏と会計士の間で監査を進め、それがつつがなく終了すれば、本社に良い報告ができます。それで一つ、肩の荷が下りる気がしました。

しかし事態はAさんが思いもよらない方向へと進みます。

監査が始まって少し経ってから、Aさんの元に会計士から直接、一報が入りました。

「社長、お忙しいところすみません。実は売掛金の明細が見当たらず、U氏に確認しても〝どこかに紛れていると思うので探してみます〟と言うばかりで、なかなか監査が進まなくて……」

基礎資料すら揃わず、監査は暗礁に乗り上げる

Aさんは最初、会計士の言葉を信じませんでした。

売掛金の明細の整理などは、帳簿管理の基本中の基本です。それがなければ入出金の管理が正確にできず、企業活動に問題が生じる可能性があります。個人事業主ならともかく、監査が義務付けられているほどの規模の会社なら、売掛金の詳細がわからないなど、まずありえない話です。経理畑で20年以上のキャリアを持つU氏が、明細の整理をおろそかにするなど、そんな初歩的なミスをするはずはありません。

「きっと保管場所を忘れてしまったのでしょう。すぐに出てくると思います」

「しかし何度か聞いたのですが一向に出てこなくて……」

「私の方からも聞いてみますが、もう少し待ってあげてください」

渋々といった感じで会計士は引き下がりましたが、二日後には再びAさんの元にやってきました。

「社長、はっきり申し上げます。先日の売掛金明細も含め、必要な基礎資料がまったく提出されないので、監査を進めることができません」

背筋を伸ばし、決意を込めた口調で語るその様子を見て、ようやくAさんは誰の言葉が正しいかを理解しました。

（U氏はこれまで、一体何をしていたんだ……）

ふたを開けてみれば、Aさんが命じていた会計帳簿の整理はほとんど終わっておらず、監査などほど遠い状況でした。

さすがのAさんも顔色を変え、U氏を問い詰めましたが、「これはもう少しでできます」「勘違いをしていただけで、すぐに修正します」などと、言い訳すらも相変わらずの調子ではきはきと答えます。

そんな建設的とは言えない問答の中でも、一つわかった事実がありました。

（この男はきっと、悪意をもって仕事をさぼっていたわけではない。ただ純粋に、仕事ができないのだ……だとすると、一体なぜ大手企業の経理マネージャーになれたのか）

膨らむ疑問はさておき、惨憺たる現状を修正し、監査を受けられる状態まで持っていくには、相応の時間が必要なのは明らかでした。

会計士もそれを察していて、気の毒そうに言います。

「これだと提出期限までに監査を終了させるのは正直、難しいですね。申し訳ありませんが、追加の監査費用も発生してしまいます」

がっくりと肩を落としたA氏は、自らの人を見る目の無さを呪ったのでした。

問題発覚後、A氏はすぐに新たな人材を雇い、U氏の下につけました。

イギリスでは雇用者の権利が強く、一度雇ってしまえばよほどのことがないかぎり、降格やクビにはできません。U氏にマネージャーを任せてしまった以上、いくら有能な人材がいても、その下につけるしかありませんでした。

U氏は相変わらず従順で、Aさんへの忠誠心は高かったのですが、一方で新しい部下にはかなり厳しく当たっていました。

そして、それに耐えられなくなった部下はわずか2カ月で職を辞してしまいました。

それでも何とか監査を乗り切ったのですが、結果として1000万円を超える監査報酬が追加で発生し、また期間内に決算書類の提出ができなかったことで子会社のグループ内での評判は著しく下がり、Aさんの給料もカットされました。

解説編

具体的な実績で実力を判断し、放任することなく管理する

国内、海外にかかわらず、採用にはある程度のリスクがつきものです。

ただ、U氏のような「愛想は良いけれど仕事ができない」という人は、個人的には海外のほうが多いように感じます。返事ばかり威勢が良くて、実際にはほとんど何もしていないというのも典型的なパターンで、やはり海外ではよく見かけます。

したがって現地採用を行うなら、過去の肩書や人当たりの良さばかりではなく、具体的な実績をしっかりと確認し、仕事の実力を見抜く努力をする必要があります。事例にあるとおり、イギリスなど雇用者の権利が強い国では、雇ってしまえば実力不足でもクビになどできませんから、採用にはより慎重になるべきでしょう。

Aさんは、本人の能力自体は高かったものの、応募者の見定めが甘く、過去の肩書と愛想の良さのみでU氏を選んでしまいました。

英語が苦手で、相手の実力を見抜く自信がないなら、本社の英語が堪能な人物を頼るか、あるいは社内の経理部の人間にもヒアリングを頼むなど、試すべきことはいくつかあったはずです。

また、もう一つのA氏の過ちと言えるのが、U氏の言葉を真に受け、実際に業務の進捗を確認しないまま任せっきりにしてしまったことです。

部下に仕事を委任するのと、放任するのはわけが違います。

特に現地の人材にプロジェクトを任せるなら、それなりの権限は与えつつも進捗や成果物をこまめにチェックし、きちんと管理するのが大切です。

もし採用したのを後悔するような人材であったなら、早急に新たな人を雇う方向に舵を切るべきです。仕事ができないのが薄々わかっているのに、「せっかく採用したんだからもう少し様子を見よう」ということでズルズルといってしまうと、結果として採用コストをはるかに超える損失につながりかねません。

なお今回の事例では、インド人であるU氏がまさにトラブルメーカーとなり、新たに雇った部下に対して厳しく当たり、辞めさせてしまう事態となっています。

これはU氏個人の性質もあるでしょうが、もしかするとインド人の気質的な面も関係してのことかもしれません。インドには、上下関係の強い風土があると言われます。私が会ったインド人の中には、U氏のように上の立場の人間には従順で愛想が良い一方、下の立場には厳しく接する人が何人もいました。ちなみに私の友人でグローバルに活躍している会計士も、同様の感想を述べています。

もちろんすべてのインド人にこうした傾向があるとはいいませんが、少なくとも価値観の大きな違いが時に現地事業の成否を分けるポイントになるというのは、意識しておく必要があります。したがって現地採用にあたっては、相手の価値観を形作る国民性や文化的背景を学んでおくことが大切です。

ケース④

職務経歴書詐欺……ジョブ型採用の落とし穴

営業力の強化。

それがNさんに与えられたミッションでした。

アメリカのテキサス州にある子会社に赴任して1カ月が経ち、営業部の改革に着手してはいましたが、日本とはまるで勝手が違い、苦戦が予想されました。

（やはり現地に最適な営業スタイルをよく知る人間でないと、本格的な改革は難しいか……）

そう痛感したNさんは、新たに人を雇うことにしました。

現地採用は初めての経験でしたが、思った以上に希望者が多く集まりました。

何人か会った候補の中で、Nさんに強烈な印象を残したのがO氏でした。

Nさんと顔を合わせた瞬間から、O氏は雄弁に話し続け、そのプレゼン能力を存分にアピールしてきました。英語はNさんよりはるかに流暢で、身振り手振りを交え感情に訴えかける話し方は、まさに営業マンといった感じでした。

職務経歴書を見れば、O氏はギリシャ人ながらミシガンで30年近く仕事をしてきて、前職は誰もが知る世界的機械メーカーの営業職、しかもトップの成績を残したといいます。そんな華々しい過去の中で、Nさんがもっとも注目したのは、「新規開拓の営業部門を率い、教育を担当、営業マニュアルを構築」という一文でした。それこそが、まさにNさんが求めていることだったからです。

「うちでも前職と同じように、教育と営業スキルのマニュアル化をお願いしたいけれど、できますか」

そう聞いてみると、O氏は自信満々にうなずきました。

「もちろん、できますよ。誰もが真似できて、確実に営業成績が上がる私のノウハウを、すべてお伝えしましょう」

心強い言葉に、NさんはO氏の採用を決めたのでした。

その他に新人営業マンを三人追加で雇って、新体制の営業部が発足しました。

NさんがまずO氏にお願いしたのは、新人営業マンたちへの指導でした。それと併せて、営業マニュアルを随時まとめてもらい、3カ月後に第一稿を受け取ることになりました。

前職が大手企業であったこともあり、NさんはO氏の実力に何の疑問も持っておらず、営業部改革の第一歩が踏み出せたことを喜んでいました。

しかし、まさかその一歩目から大きく足を取られることになるとは、まったく予想していませんでした。

ジョブディスクリプションを軽視すると、代償は高くつく

いざ一緒に働き始めてみると、O氏はまったく仕事ができませんでした。

機械メーカーにいたはずなのに、驚くことにパソコンでの業務がまったくできず、エクセルやパワーポイントなどが一切使えません。提案書や企画書も、指導のための資料も、営業マニュアルも、当然ながらパソコンで作成する必要がありますが、それができないのは致命的でした。

（きっと、ひたすら足で稼ぐ昔ながらの営業方法だけで、上り詰めた人間なんだ）

Nさんはそう考えましたが、いずれにせよ期待した役割がほぼこなせないのは明らかでした。ただだからといって、クビにしてすぐに新たな人材を雇うようなやり方をすれば、本社から「管理能力に問題あり」と思われかねません。

Nさんの見たところ、唯一の得意分野はプレゼンテーションで、ひとまず口頭ならこれまで培った営業スキルを部下に指導できそうでした。

そこでO氏には、研修講師というたてつけで働いてもらうことに決めました。ところが本人にそれを伝えると、思いがけぬ返事がありました。

「研修講師は、私のジョブディスクリプションにありません。もしやるなら、新たな契約と追加の報酬が必要です」

Nさんはしばし唖然としていましたが、次第に怒りが湧いてきました。

「なんとかできることを見つけてやろうとしているのに、追加報酬？　冗談じゃない！」

O氏は肩をすくめて言いました。

「ジョブディスクリプションをもう一度、確認してほしい」

ジョブディスクリプションとは、担当する業務についてその内容を詳しく記載した文章のことで、会社が相手に求める役割を表すものです。日本語では「職務記述書」と言われます。

欧米では、そうして専門的な知識やスキルを持った人材を雇う「ジョブ型雇用」が一般的となっています。そして労働者はあくまでジョブディスクリプションに則って働き、それ以外のことは基本的にはしません。

日本の感覚でいたNさんは、「指示された業務を拒否する」というだけで衝撃を受けましたが、その背景にこうした感覚の違いがあるとは知りませんでした。

他の新人営業マンもまた同じで、自分の範疇の仕事以外はまったく手掛けません。結果として、教育やマニュアル作成、新人営業マンに断られた部分の仕事まで、すべてNさんがやらねばならず、社長業と併せてその仕事量は膨大に膨れ上がりました。睡眠時間を削り、休日返上で働いてもまったく終わりの見えない状況に、Nさんは次第に疲弊していきました。

それから半年が経ち、ついにNさんはO氏を解雇するという決断を行いました。

しかし、時すでに遅し……O氏がいなくなってすぐに、これまでの無理がたたったNさんは体調を崩し、社長の職務を果たせなくなり日本に帰国していったのでした。

解説編

海外では一般的な、ジョブ型雇用への理解を深める

この事例でまず着目すべきは、「O氏の職務経歴書の内容は、果たして本当か」という点です。大企業のトップ営業マンになるような人間が、極めて基礎的なＩＴスキルすら持っていないというのはまず考えられません。

日本人はいわゆる性善説で物事を考える傾向がありますから、特にハイクラスの転職の際には提出してきた履歴書をいちいち疑ってかかるようなことはないでしょう。しかし海外では、「採用されればしめたもの」とばかり、とりあえず嘘や大げさな内容を職務経歴書に記す人もいます。したがって日本で行う採用活動よりも慎重に、実力を見極めねばなりません。相手の経歴が果たして本当かは、質問を工夫したり、専門家を同席させて探りを入れてもらったりすれば、ある程度はわかるはずです。それで怪しさを感じたら、前の職場とコンタクトを取り、本当に所属してい

たのか、どんな人間だったかをヒアリングしたいところです。なお、このような前の職場に応募者の人となりや今までの仕事ぶりを確認することをリファレンスチェックといいます。応募者と一緒に働いたことがある第三者に対して行う調査です。一般的には現職（前職）の上司や同僚に対して行われることが多く、応募者の業務実績や人物像などを確認のうえ、書類・面接の内容と実際の姿のギャップがあるかを把握し、採用の判断材料にします。海外ではリファレンスチェックを行うことが一般的で、日本でも外資系企業が実施することが多くみられていました。最近では日本企業もリファレンスチェックするケースが増えてきています。

また、これは国内海外問わずですが、たとえ大企業に在籍していたからといって、能力が高いとは限りません。

むしろ大企業では業務が細かく分業されていることが多く、社内の特定の業務しか経験していない可能性もあります。そうした人材はどうしてもつぶしがきかず、一から教育が必要なケースもありますから、「大企業だから安心」と安易に考えるべきではありません。

そして採用形式についても、日本と海外とではかなり異なっています。

それが典型的に表れるのが、「ジョブ型雇用」です。

日本でも、中途採用なら特定のスキルを持つ人材をスカウトすることはよくありますが、たとえばＩＴエンジニアとして入ったからといって、プログラミングだけをしていればいい、というわけにはいかないものです。プロジェクトの責任者や、クライアントへの説明、後輩の育成など、さまざまな業務、立場を担当していくのが一般的です。

しかし海外、特に欧米では、仮にＩＴエンジニアとして入社したなら、基本的にプログラミングしかする必要はないと考えます。そして採用時に取り決められるジョブディスクリプションこそが、その人材の仕事の範囲を示す重要な書類です。

事例の中でＮさんは、日本の履歴書を見るようにジョブディスクリプションを眺め、「できることを知る」ために確認しました。しかし実際には「これしかやらない」という宣言に近いものであり、そこで大きなギャップが生まれています。

ジョブ型雇用とは何かや、その重要性をよく知らずに採用し、その社員がジョブディスクリプションに書いてあることしかやらなかったとしても、相手に非はありません。結果として範囲外の業務が発生すれば自分が引き取らねばならず、仕事量がどんどん増えていきます。そして最後にはNさんのように身体を壊してしまう……そんな話は、実は珍しくありません。

日本企業は、終身雇用、年功序列という独自の雇用形態のもとで採用を続けてきた過去があります。社員が辞めることなく、定年まで面倒を見るのが前提であったからこそ、総合職として入社してもらい、ジョブローテーションをしながら適性に合わせて育てていくという「メンバーシップ型雇用」が主流となりました。しかしそうした前提が覆り、転職が当たり前になりつつある今、会社の側も総合職として人を雇うより、その時々で求められる専門家を雇うジョブ型雇用を増やしていく必要があるかもしれません。

とはいえ、「一生ここで働きたい」と思ってくれるような人材が、会社の未来を創っていくのもまた事実であり、すべての採用がジョブ型雇用になるのは考えにくいでしょう。

したがって今後は、メンバーシップ型とジョブ型を並行して行う、ハイブリッド型の雇用形態が主流になると私は考えています。

ケース⑤

いい加減な現地法人……自国の法律を守らず問題発覚

日本の大手化学メーカーであるD社が、スペインの化学メーカーG社を買収、子会社化してから、すでに10年の歳月が流れました。

M&Aにおいて、それまで別々の組織であった会社が統合される際にはほぼ必ず混乱が生じます。経営上の混乱に加え、社員の反発や離職、システム統合のトラブルなどさまざまなリスクがつきものであり、D社もまたG社との関係性に課題を抱えました。統合を想定どおりに進めるべく、D社ではPMI*（ポスト・マージャー・インテグレーション）を積極的に行ってきましたが、苦戦を強いられてきました。

特に大きな壁となっていたのが、企業文化の違いでした。異なる企業文化を持つ組織を融合させ、共通の価値観を築くのは、たとえ日本であっても難しいものです。それが海外の企業ならなおさらで、PMI自体の難易度がぐっと上がります。

加えて今回のM&Aは、いわばライバル関係にあった同業他社の買収であり、しかも相手は国内では名門と呼ばれる歴史のある会社のグループだったので、その社員たちにも忸怩たる思いがあるのは当然です。何年経っても買収の事実を受け入れずに、これまでのやり方を踏襲しようとする社員が何人も現れ、障害となっていました。

そしてその代表格が、G社を率いてきたI社長であったというのが、D社側のもっとも大きな誤算といえました。

I社長は、現場からたたき上げで社長にまで上り詰めた人物であり、社員たちからの信頼は厚く、高いカリスマ性を持っていました。愛社精神からくるプライドは高く、自社のスタイルを貫くのに徹底してこだわり、本社の指示をなかなか受け入れませんでした。

本来ならすぐに社長を解任すべきところですが、社員たちの多くがI社長を慕っている中で、無理にクビにすれば強い反発を招くのは必至で、組織崩壊を起こしかねません。本社としてはI社長の暴走をある程度黙認せざるを得ない部分もありました。

しかし10年が経ち、未だに想定していた成果を上げられずにいるという状況に対し、本社はついに重い腰を上げ、内部監査を行う運びとなりました。

法令遵守か、経済的合理性か

「本社から内部監査人がやってくるだと？　そんなもの必要ない！」

報告を受けたI社長は、腹を立てる一方で、冷静さも持ち合わせていました。

（ついに本腰を入れて、俺を潰しにきたか）

たしかにM＆Aから10年が過ぎ、社員たちの親会社に対する反発心や結束力はすでに薄れていました。いまだに自らを慕ってくれる社員はたくさんいるにせよ、冴えない業績を盾に社長更迭を迫られたなら、組織として受け入れる方向へと動くのは想像に難くありませんでした。

（内部監査を、何とか乗り切るしかないな）

確かに本社にはこれまで何かにつけて反発し、従来のやり方を守ってきましたが、それは別に自分の利益が目的ではなく、会社と社員たちのためでした。経営者として手抜きをしてきたわけでもなく、何か不正をしたこともありません。

素直に協力するのは癪に障りますが、隠し事などない以上、変に反発して長引かせるよりも、できる限りスムーズに終わらせるほうが合理的です。I社長はしぶしぶ内部監査を受け入れ、経理部にも協力するように指示を出したのでした。

はじめ、監査は順調に進んでいるように見えました。経理部長からも大きな問題は起きていないという報告が入り、I社長はひとまず安心しました。

しかし、とある指摘が入ったのを境に、雲行きが一気に怪しくなりました。

「社長、決算書への会計監査を受けた記録がないのですが……監査報告書の提出状況はどうなっていますか」

内部監査人からの質問に対し、I社長はどう答えるべきか、しばし考えました。

スペインでは、ある一定の条件の下で年度決算書を作成し、それに対して公認会計士が監査を行うことが法律で義務付けられています。それを怠ると法律違反となり、発覚すれば最低でも数十万円ほどの罰金を支払うことになります。

I社長ももちろんそれは知っていましたが、これまで国からも本社からも「会計監査を受けろ」などとは一度も言われたことがありませんし、発覚したところで大した罰は受けませんから、あえて実施を見送ってきました。

「いいか、会計監査にかかる時間やコストと、罰金の額を天秤に乗せて考えれば、誰でもわかる話だ。指摘がなければ放っておき、何か言われればおとなしく罰金を払うほうが、明らかに合理的だろう」

そう言うと、内部監査人の顔が途端に曇りました。

「つまりは、すべて承知の上で実施しなかったのですね」

「そのとおりだ。私の判断に、何か問題があるとは思えないが」

I社長は本気でそう考えていました。

些細な法令違反であっても、放置してはならない

内部監査人から報告を受けた本社の社長は、すべてを聞き終わるとこぶしで机を叩きました。

「わかっていながら法律違反とは、どういうつもりだ！」

近年、企業のコンプライアンスがより重視される日本社会にあって、大企業であるD社も、社長の大号令の下でより一層のコンプライアンス強化を掲げ、さまざまな取り組みを進めてきていました。

そうした方針をあざ笑うかのような監査結果に、普段は温厚な社長もついに堪忍袋の緒が切れました。

たとえ海外の子会社であっても、コンプライアンス違反があればそれはD社の名の下に行われたことになり、D社のイメージに傷がつくのは間違いありません。社長はすぐに取締役会を開き、I社長の更迭を決定、それから3日後には電撃解任となったのでした。

5年前であれば、I社長の解任が引き金となり、彼を慕う部下たちも続々と会社を去っていたでしょうが、すでにその気配はなく、G社は日本人の新任社長のもとで新たな船出をする運びとなりました。

そしてそこから、D社とG社との融合は順調に進むようになり、ようやくM&Aの効果が上がり始めたのでした。

＊ＰＭＩとは……「Post-Merger Integration」の略で、企業買収や合併後に行われる統合プロセス。異なる文化や、業務プロセス、人材管理、財務会計、システムなどを一体化させ、より効率的に運営できるようにするために実施する。ＰＭＩの可否は、統合後の企業の競争力や効率性を大きく左右する。計画的かつ戦略的なアプローチが求められ、各ステークホルダーとのコミュニケーションも重要となる。

解説編

コンプライアンスに対する温度差が、トラブルを招く

大企業が、海外の会社に対しM&Aを行って傘下に収めるのはよくある話ですが、その際にもっとも苦労するのが、組織の統合です。

相手の会社を従来のまま残すのでは、M&Aをした意味がほぼありませんから、組織をある程度統合しながら自社の戦略に基づいた形に改編していくことになります。

そこに立ちはだかるのが、異文化の壁です。

国ごとに大きく異なる価値観や働き方を前に、どのようにして日本流のやり方を浸透させるべきか、途方に暮れる経営者や人事担当者は多いと思います。

今回の事例では、海外の老舗企業の社長がトラブルメーカーで、何かにつけて反発してくるわけですが、ただ自分たちのやり方を守ろうとする程度なら、本社もまだ対策の取りようがあったはずです。

しかし、コンプライアンスに関わる領域となると話は大きく変わってきます。世界的に見て、日本は企業のコンプライアンスに敏感な国です。そこにも、生真面目で細やかな日本人の気質が表れているかもしれません。

一方で海外の人々のほとんどは、日本人と感覚が異なります。転職が当たり前である欧米のビジネスパーソンは、長い目で見た組織の評判や評価よりも、目の前の業務の合理性を追求する傾向があると、個人的に感じます。

したがって、たとえ組織のトップであってもコンプライアンスに対する関心がそこまで高くないケースもあり、結果として事例のように「罰金よりも会計監査にかかるコストのほうがはるかに大きいのだから、違反であってもやらないほうが合理的」といった発想につながっていきます。

このあたりの感覚の違いもまた、異文化ならではの壁の一つです。

対策としては、グループ会社にもコンプライアンスの概念をしっかりと伝え、法令を守る仕組みと、それを内部的に監査していく仕組みを構築する必要があるでしょう。

その具体的なやり方については、ＩＩＡ（内部監査人協会）が公表している「3ラインモデル」が一つの指標となります。

このモデルでは、企業のリスク管理と統制活動の担い手として、ガバナンス機関（主に取締役会）、第1線と2線からなるマネジメント（主に事業に関わる業務部門〈製造、購買や営業〉、コンプライアンス部門、リスク管理部門など）、第3線としての内部監査機能（主に内部監査部門）の三つを挙げ、三つの機関・機能とコンサルタントや外部監査人といった外部のアシュアランス提供者、それぞれの関係性と役割を解説しています。


海外においても、このような座組みでリスクを評価、対応していく体制を作ることで、異文化であってもリスク管理を行えるようになるはずです。

なお、事例では優秀な内部監査人がI社長の失態を突き、問題を明らかにしていますが、海外の子会社の内部監査にあたっては言葉の壁がつきものです。もし自信がない場合、外部の専門家を頼るというのも一つの手です。内部監査業務の一部分を切り出して外部委託するアウトソーシング、内部監査部門と外部専門家とチームを組んで一緒に内部監査を実施するコソーシング、実施中の内部監査に対し適宜アドバイスをするコンサルティングなど、自社に適した形でのサポートを受けられます。

IIA の3ラインモデル概観

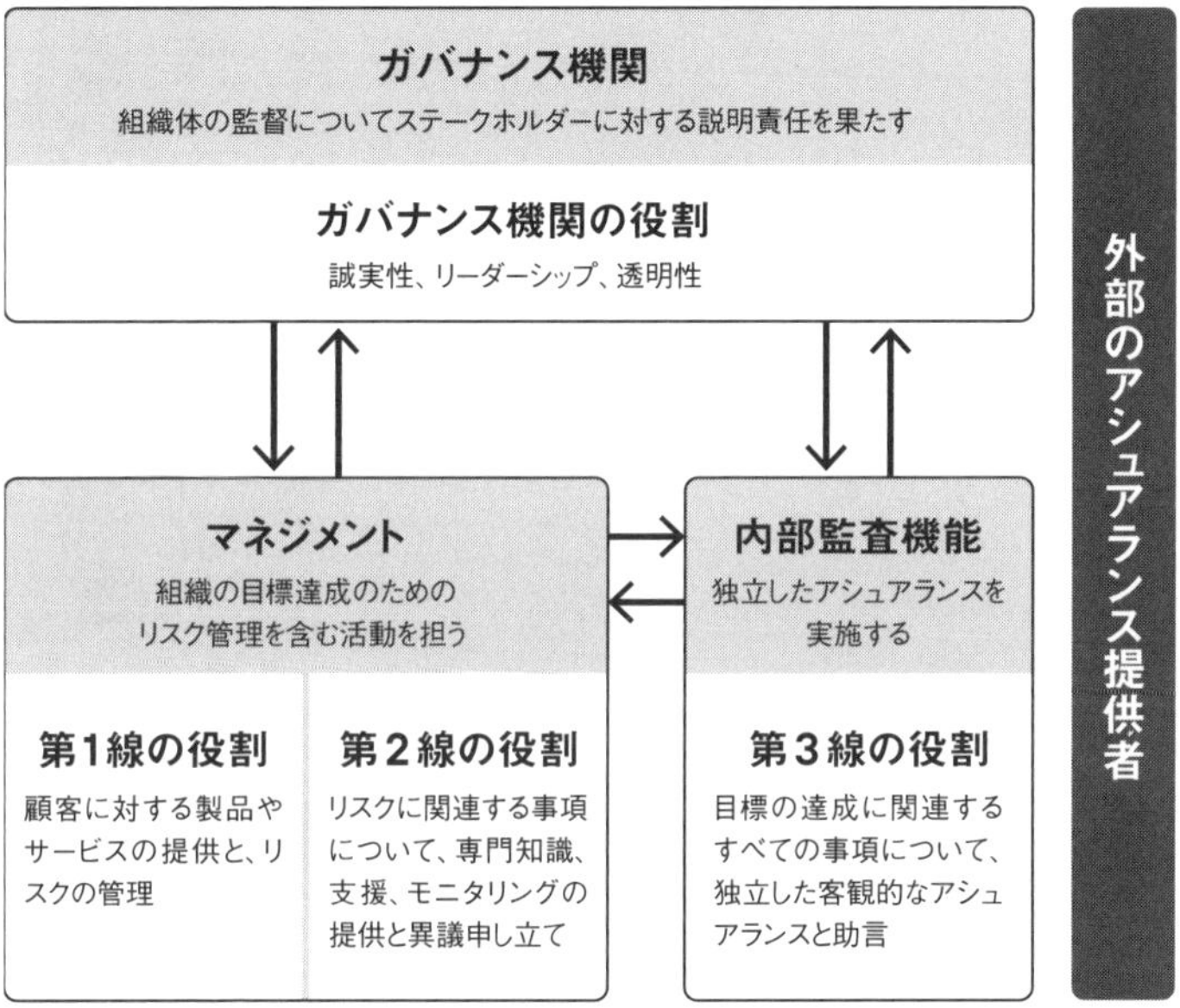

ケース⑥

制度の違いが招いた混乱

……イギリスで起きたＪ‐ＳＯＸへの適合ミス

日本の大企業であるＢ社が、イギリスの会社を傘下に加えてから約半年が経ちました。

Ｂ社を率いるＫ社長は、海外勤務の経験も豊富で、グローバル展開に自信を持っています。Ｍ＆Ａについても遠謀を巡らせて、買収後の細かな事業計画までしっかりと立てたうえで臨んでいました。

そして大きなトラブルなくＭ＆Ａが完了し、イギリスでの事業が順調に動き始めたところで、Ｋ社長は思いがけない壁に当たっていました。

（海外の子会社に、どうやってＪ‐ＳＯＸを適用すればいいか……）

Ｊ‐ＳＯＸ（日本版内部統制報告制度）とは、企業の（財務）報告に関わる内部統制の運用状況を報告するものです。たとえば正確で信頼できる財務報告を行うための仕組みが、内部統制にあたります。これらが正常に機能していることを、株主や投資家に対し示すというのがJ－SOXの大きな目的であり、金融商品取引法のもとで上場企業は年に一回、必ず財務局に報告を入れなければなりません。そしてその報告対象には、海外の子会社も含まれます。

これまで国内では、内部監査室主導でJ－SOXへの対応を問題なく実施してきましたが、海外の子会社、しかも傘下に加わったばかりとなると話は変わってきます。本社の内部監査室には、当然ながら新たな子会社の業務に詳しい人間はおらず、しかも英語でのコミュニケーションにも不安が残ります。

（できれば現地で、内部監査のキャリアが豊富な人材を探せないものか）

最初はそのように考えましたが、実は内部統制の報告を法的に義務付けている国は世界でもさほど多くはなく、イギリスにも存在しないことから、現地で専門家を見つけるのは無理がありました。

そこで、日本よりも早く「SOX法」を制定し、US－SOX（アメリカ版内部統制報告制度）を運用するアメリカで、人材を探すことにしました。ちなみにJ－SOXは、このUS－SOXを土台として作られたものです。

すると幸いにも1カ月経たずして、専門家が見つかりました。

白羽の矢が立ったR氏は、USCPA（アメリカの公認会計士資格）を持ち、アメリカにおける内部監査経験も豊富でした。K社長にとっては渡りに船で、内部監査室長としての採用を打診したところ、快諾してくれたのでした。

ひとまず問題解決の目処が立ち、K社長は胸をなでおろしました。

食い違う言い分と、責任の所在

J－SOXは、まず経営者（内部監査室）による社内調査で内部統制の運用状況をまとめ、それを外部の監査人である公認会計士または監査法人がチェック（監査証明）をした後、財務局への報告を行うという流れで実施されます。したがって社内調査の段階から、外部の監査人によるチェックを想定し、それをクリアできるようにレポートをまとめていく必要があります。

B社の決算は12月であり、翌年3月までには金融庁へ報告しなければなりません。逆算すると、年内には自社の内部監査室によるレポートを仕上げたいところです。

ですからK社長は、R氏に対して「11月にはイギリス入りして、およそ2カ月でレポートを完成させ、提出してほしい」と依頼しました。ある程度のキャリアがあるなら、余裕をもって業務を遂行できるはずです。

R氏のほうも、特に不服はありません。自らの力を証明すべく、勇んでイギリスへ向かいました。

それから1カ月、K社長はJ－SOXについてほとんど思い出しませんでした。他に考えるべきことや、実行すべきタスクが山のようにあったからです。逆に言うと、社長業が多忙を極めるからこそ完全に任せられる人材を雇い入れたわけです。

そして12月に入り、イギリスで国際的な展示会が開かれるタイミングに合わせ、K社長は子会社を訪れることにしました。それもJ－SOXの確認というよりは、傘下となった会社の現状を自らの目で確かめたかったからでした。

するとイギリスへと向かう前日、外部の監査法人から予期せぬ報告が入ります。

「社長、実は子会社のJ－SOXのレポートが、ほとんどできていません」

K社長は思わず耳を疑いました。

「うちの内部監査室長が11月から現地入りして進めていたはずですが……」

「たしかにレポート自体は仕上がっているようなのですが、その内容がJ－SOXを満たすレベルにないのです」

「そうですか……わかりました。すぐに室長に話を聞いてみます」

電話を切ってすぐに、イギリスにいるR氏に連絡して事情を問いただしましたが、R氏はまったく悪びれる様子がなく言いました。

「レポートのクオリティには、何の問題もないはずです。アメリカでは、これで十分に通用しました。そもそも外部の監査法人に、私のレポートにそこまでとやかく言われる筋合いはありません」

その言葉には、プロとしてのプライドが滲んでおり、とても嘘をついているようには思えません。そもそも実績を残さなければならないR氏があえて手抜きをする理由がありませんでした。

（一体、どっちが正しいんだ……）

両者の言い分は完全に食い違い、K社長はいよいよ困惑しました。

目の前に迫る、法律違反と信頼の失墜

事の次第を見極めるには、より詳しく話を聞く必要がありました。

そこでK社長は、まず外部監査法人の担当者とリモート会議を行いました。

「実は、内部監査部長はレポートに自信を持っているようです。そもそも外部の人間に、その内容に文句をつけられる覚えはないと……」

「外部の人間……そうですか」

担当者はしばし考えてから、言いました。

「R氏は、これまでJ－SOXを担当したことはあるんですよね」

「はい。アメリカではかなりの回数、内部統制報告関係のプロジェクトを手掛けてきたそうです」

「ちなみに社長、アメリカと日本で内部統制報告のやり方が大きく違うのは、ご存じでしたか」

「えっ……いいえ、それは初耳です」

「なるほど。それで事の次第がわかりました」

「……では説明してもらえますか」

担当者が話す真相にK社長は必死に耳を傾け、ようやく頭の霧が晴れていきました。

結論から言うと、R氏がアメリカ流のやり方で内部統制報告を行うべく動いていたというのが一番の問題でした。

同じ内部統制報告でも、J－SOXとUS－SOXでは、進め方がまるで違います。そのもっとも大きな差といえるのが、レポートの手法です。

アメリカでは、会社側と外部監査法人の双方が独自に調査を行い、それぞれレポートを作成する「ダイレクト・レポーティング」という手法が取られています。一方の日本では、まず会社がレポートを作成し、そのレポートに対して監査法人がチェックをかける「インダイレクト・レポーティング」が採用されています。

R氏は本来、日本のルールに基づいてインダイレクト・レポーティングを進めなければならなかったのですが、舞台がイギリスだったこともあってか、手慣れたダイレクト・レポーティングでレポートを作成していたのです。

「アメリカでは結局、外部の監査法人による独自調査が入るため、会社側の提示するレポートに対し細かなチェックや修正が入ることは日本より多くありません。内部の担当者もそれはわかっていますから、監査法人の目をそこまで意識せず自由にレポートを作ります。しかし日本では、会社側のレポートにある内容がJ－SOXの基準を満たすものか、外部の監査法人が細かくチェックします。ですから、最初から基準を満たすレポートに仕上げていく必要があります。もし事前に基準からはみ出るような部分があれば、あらかじめそれを修正し、環境を整えたうえでレポートを作ります。R氏はそうした連携をせず、ただ独自の調査でレポートを作成しました。その結果、J－SOXの基準を満たさない項目がたくさん出てきて、意味をなさないレポートになってしまったのでしょう」

担当者の流れるような説明により、R氏の側に過失があるというのが、K社長にもよくわかりました。

R氏を問い詰めるのは簡単ですが、それよりもやらなければならないのは、迫りくるJ－SOXの提出期限になんとか間に合わせることです。

提出できなければ法律違反となり、「個人なら5年以下の懲役または500万円以下、法人なら5億円以下の罰金」に処せられます。実際に5年以下の懲役が適応されるのはほぼ考えられず、罰金刑が大半ですし、大企業にとって5億円という金額は当然、経営に支障が出るような額ではありません。罰則そのものよりもはるかにダメージが大きいのは、信頼の失墜です。

J－SOXの目的は、財務報告の信頼性を確保し、不祥事の防止や資産の安全な取り扱いなどによって健全な経営を行っているという証明です。

世間に広く知られるような大企業なら、たとえ海外子会社であっても、健全な経営の証明を怠ったとなればその看板に傷がつくのは間違いなく、投資家たちからの信頼も揺らぎかねません。

そんな事態は、社長として絶対に避けなければなりません。

K社長はコスト度外視で緊急で採用を行い、今度こそJ－SOXに精通した人材を内部監査室長にすえました。

その人材はかなり優秀で、1月からすべてのチェックを新たにやり直すとともに、外部の監査法人とも連携して仕事を進め、ギリギリで提出期限に間に合わせることができました。

最悪の事態はなんとか回避できて、K社長は胸をなでおろしたとともに、自らの知識不足を反省し、海外戦略にもより慎重に取り組むようになったのでした。

解説編

不正を予防し、企業価値を最大化する「内部統制」

この事例では、J－SOXを巡って行き違いが起きていますが、その裏にあるのは、海外の子会社やグループ会社に対しての、内部統制の整備の難しさです。

なおJ－SOXは、内部統制のうち特に財務の情報について社会に向けて報告する制度であり、企業の内部統制のすべてを表すものではありません。

ここで、内部統制についてあらためて詳しく解説しておきます。

内部統制とは、企業が事業活動を健全かつ効率的に運営していくのに求められる仕組みのことです。その整備によって企業は不祥事を未然に防ぎ、企業価値を最大化できるようになります。

内部統制は基本的にどんな組織でも有用ですが、事例にもあるとおり上場企業については金融商品取引法（第24条）で内部統制報告書の提出が義務付けられています。

また取締役会のある大会社についても、会社法（第362条）で内部統制の整備が求められます。

ちなみに内部統制と内部監査はよく混同されがちですが、内部監査は組織内の担当者が業務上の不正や効率を確認するなどして、内部統制がきちんと機能しているかチェックするために行います。

また、コンプライアンスやガバナンスといった言葉とも似た印象ですが、内部統制はコンプライアンスやガバナンスを達成するための一つの手法で、内部統制が正常に機能していることで法令遵守や企業統制が実現できるという関係性となっています。

内部統制の目的としては、金融庁の「財務報告に係る内部統制の評価及び監査の基準」のなかで、以下の4つが挙げられています。

【業務の有効性および効率性】

人材、時間、コストなど業務に必要な資源を適切に活用する。

【報告の信頼性】
財務情報だけではなく、非財務情報も含め報告を行い信頼性を確保する。
【事業活動に関わる法令等の遵守】
法令遵守の徹底を促し、法令違反が起きるリスクを抑える。
【資産の保全】
有形資産、無形資産を含め、適切に管理する。

これら４つの目的が達成されない場合、非効率な業務により経営が圧迫されたり、粉飾決算が行われたり、不祥事が明るみに出たり、資産の管理が甘く事業継続が難しくなったりといったリスクが発生し、時に会社存亡の危機に陥ります。
そして繰り返しになりますが、内部統制の整備が特に難しいのが海外の子会社や関連会社であり、それらに対し内部統制をどのように整備するかが、国際戦略における大きな課題といえるでしょう。

コラム

現地生活編 ①

アメリカの田舎で孤立……始まったサバイバル生活

飛行機がようやく着陸したのは、深夜二時のことでした。

大幅な遅延の末に降り立った地は、アメリカのイリノイ州、ピオリア空港。日本ではほとんどなじみのない場所だと思います。

とある会計事務所で働く私(著者)が、縁もゆかりもないアメリカの田舎町にやってきたのは、現地にある大手企業の監査のためです。

もともと海外勤務に興味があり、社内でこの話が回ってきたときには迷わず手を挙げ、社内選考も乗り越えました。30歳になるまでに海外で働くのが目標で、今年がラストイヤー。アメリカならどの場所でもよかったのですが、まさかこれほどの田舎で仕事をするとは想像しませんでした。

こじんまりした空港の建物を出ると、駐車場の灯り以外は星が瞬くばかりで、周囲には建物など見当たりません。予約したレンタカー屋まで行きましたが、当然のように閉店しています。かといって、朝まで過ごせるような施設などありません。

なんとなく扉に手をかけると、施錠されておらずそのまま開いてしまいました。入ってすぐのカウンターの後ろには車の鍵がずらりと並んでいます。予約し、お金もすでに払っていたので、その鍵から適当に一つとって裏手の駐車場へと行き、ロック解除のボタンを押してみました。すると、一台の小型車のライトがピカッと光ります。

（予約していたサイズの車だし、まあいいか）

若さゆえの勢いとは恐ろしいもので、あまり深く考えずにそのまま車を乗って走り出したのでした。ちなみに幸いにも、この件が後日問題になることはありませんでした。

街灯がほぼない真っ暗な道を、人生初の左ハンドルで走るのは勇気がいりました。カーナビもなく、スマートフォンもつながらず、観光用の簡易な地図を見ながら走るしかありません。散々な思いをしてようやくピオリアの市街地に着いた頃には、夜が明けつつありました。

その日はひとまずホテルで休息を取り、翌日から会計事務所に出社すると、当たり前ですが全員が外国人であり、見知った顔などありません。

日本で鍛え、それなりに使いこなせると思っていた英語も、ローカルな地で話される容赦のない訛りやスピードについていけず、聞き取るのがかなり難しいものでした。監査チームを一つ任される立場であるのに、「英語がわかりません」では済まされないため、とにかく集中して必死に聞き耳を立て、それだけで精神力がごっそりと削られました。仕事だけではなく日常生活もまた同じで、頼れる人など誰もいません。

まさに孤立無援。異文化の、名も知れぬ街でのサバイバル生活の始まりでした。

◉海外で奮闘も、押し寄せる孤独

日常生活はともかく、仕事では率先して英語を使わねば何も進みません。

たとえば会議において、日本なら時に「沈黙は金、雄弁は銀」で、その場ではできるだけ自分の主張を強く押し出さず、前後で根回しなどをして調整するほうがうまくいくものです。

しかしアメリカではまったく逆で、その場で発言しなければ「意見がない、仕事ができない」とみなされ、根回しなどは基本的に通用しません。実際に私も、日本の感覚のまま会議に出席し、会議中に皆の前では発言を控え、後に個別に意見を伝えたところ「なぜそれを会議で言わなかったのか」と、ひどく怒られました。

自らの意見を発信できないような人間は相手にされなくなり、部下たちも指示に従わなくなっていく……それがアメリカのビジネスシーンです。

だからこそ、英語が苦手、聞き取れないから話せない、などとは言っていられず、とにかくガンガン前に出ていかねばなりませんでした。

アメリカでは自らの意見を発信すべく、誰もが会議にしっかりとした準備をして臨みます。無意味なミーティングやブレインストーミングはまずありませんし、必ず時間内に会議が終わります。

また生産性を何より重視するアメリカでは、基本的に残業はありません。残業をしていると「仕事が終わらないなんて、無能なやつだ」と言われてしまうほどです。

したがって仕事の仕方を徹底的に見直し、無駄をそぎ落として、できるかぎり短時間で終わらせねばなりません。しかもそのすべてを英語で行う必要がありました。

最初は当然のように、会議も実務もなかなかうまくいかず、どうしても残業が発生してしまいました。プロフェッショナルとしての能力にはそれなりに自信があったのですが、言葉の壁は想像以上に高く、業務全般に影響が出ました。とくに周囲の同僚とコミュニケーションをとって連携すべきところがスムーズにいかないのが、最大のハードルでした。

（英語力は、一朝一夕では上がらない……今すぐできることはなんなのか）

考えに考えた結果、私は言葉よりも心の壁を取り払う努力から始めることにしました。

同僚たちの雑談にもこっそり耳を傾け、パーティの予定などがあれば片っ端から参加を申し出ました。社内行事も同様で、私の歓迎会を皮切りに、毎週二つ以上は何かしらの飲み会やホームパーティに参加していきました。

とはいえ、仕事もこなしつつあらゆるイベントに顔を出すのはかなりハードでした。何もない日、17時に部屋に戻り、軽い休憩のつもりでソファーに身を預けて、気づけば朝になっているようなこともありました。

イベントのない休日にも積極的に街へと出かけ、英語力を鍛えていましたが、日本人など一人もいません。孤独を感じ、日本を懐かしく思い出してはさらに寂しさを募らせました。

きっとこの孤独感は、私と同じように単身、海外に乗り込んで戦うビジネスマンが一度は経験するものでしょう。

肉体的にも精神的にも、もっともきつい時期でした。

◉言葉の壁より、心の壁を取り除く

そんな日々の中での唯一の救いだったのが、同僚のベトナム人女性でした。

同時期に赴任した彼女もまた英語がそこまで堪能ではなく、はじめ私と同じような状況で目を白黒させていました。ともに残業をせざるを得ないことも度々ありました。

作業の合間によもやま話をする中で、彼女が強い思いを持ってこの地にやってきて、夢を叶えるために働いているというのがよくわかりました。

「私には、休んでいる暇なんてないの。少しでも早く結果を出したいから」

そう言ってパソコンをにらむ彼女に、私もまた渡米前の熱い気持ちを思い出し、それを自らの支えとすることができたのでした。

赴任から1カ月ほどは状況が好転しませんでしたが、とにかく毎日全力で仕事に当たり、イベントには欠かさず参加し続けていました。

そうして少しずつ、自分という存在をアピールしていったのですが、もっとも心の距離が近づいたと感じたのは、会社の野球大会に出場した時でした。ヒットを何本も放ち、「イチロー！」と呼ばれたりもしました。スポーツは万国の共通言語であり、同じルールの下で共に汗をかけば、自然に打ち解けられるものです。自らにスポーツの経験があって良かったと、これほど感じたことはありません。

それを一つの境として、相手の方から私に積極的に話しかけ、気遣ってくれる人が現れ出しました。

最初はシャイでやさしいアメリカ人の同僚が、事あるごとにサポートをしてくれるようになりました。そうした人の数が少しずつ増えていったのが、赴任して2カ月ほど経った頃でした。そうやって周囲の人と少しずつ打ち解け、友人と呼べる同僚もでき、コミュニケーションがずいぶん円滑になりました。

そこでようやく仕事のペースが一気に上がり、自らに求められる役割を十分にこなせるようになったのでした。

そこから2年ほど経ち、日本に戻る日が近づいてきました。

最後の出勤日、仕事が終わって帰ろうとすると、入り口で同僚たちが待ち構えていて、いきなり取り囲まれました。

そして有無を言わさずに担ぎ上げられ、空めがけて放り投げられたのでした。

「わっしょい、わっしょい！」

私の身体はリズムよく空中を舞い、空が近づいては遠のきます。

以前私が何気なく話した、日本の風習である胴上げで最終日を祝ってくれているというのが、すぐにわかりました。

「わっしょい、わっしょい！」

ふと気づけば、涙も宙に舞っているようでした。

周囲の人々との、心の壁が消えたこと——。

それによって、私のサバイバル生活は終わりを告げたのでした。

第 2 部

『気づけぬ不正』編

ケース⑦

海外進出の罠

……マレーシアへ出資も、相手は架空会社で出資金を持ち逃げ

Aさんのスマートフォンに見知らぬ番号から着信があったのは、夏の暑い盛りのことでした。

「はい、もしもし」

「Aさん？」

「そうですが、どなたでしょう」

「俺です、Tです。ずいぶんとご無沙汰だから、忘れちゃったよね」

電話の主が名乗ったのはよくあるありふれた名前でしたが、その声には確かにどこか聞き覚えがありました。

「もう30年も前になるかな、よく六本木で飲んで、ディスコで踊った、あのTだよ。同じ大学出身で、あの頃は、兄さん、兄さんって慕ってくれていた」

そこまで聞いて、Aさんの記憶は一気に過去へと飛びました。

まだ日本がバブル経済の熱狂の中にあった頃、社会人になって間もない自分に夜遊びを教えてくれたのが、大学の先輩であったT氏でした。互いに親の経営する会社を受け継ぐ立場で、小遣いも無尽蔵に使え、六本木界隈で体力の許す限り遊び尽くしていたのでした。

「兄さん！　本当に久しぶりじゃないですか！」

思わず昔に戻って言うと、相手も嬉しそうでした。

「覚えててくれて、ホントよかったよ」

その言葉を聞いて、Aさんは少し冷静になりました。確かに昔は世話になりましたが、最後に会ってからもう20年ほど経ちます。しばらくあった年賀状の行き来が途絶えて以来、まったく連絡を取っていませんでした。

（一体、何の用なのか）

いぶかしがるAさんの心を見透かしたように、T氏は言いました。

「急に電話してびっくりしたと思う。実は俺、ずいぶん前から海外で生活していて、久々に日本に帰ってきたところなんだ。もう10年以上国外にいるかな。仕事の基盤も全部海外だから、日本の知り合いがどんどんいなくなってしまって……。それじゃ寂しいからさ、昔の仲間に連絡しようと思い立って、まずAさんの顔が浮かんだんだ。久しぶりに食事でも行かないか」

流れるようにそう話すT氏の言葉すべてを鵜呑みにするほど、Aさんも若くはありませんでしたが、その内容には興味が湧きました。

「へえ、じゃあ海外で事業をやっているんですか」

「うん、マレーシアで会社を作って、東南アジアでいろいろとね」

思い返せばT氏の会社は包装紙やビニール袋などを扱う専門商社で、東南アジアへの出張の話もよく聞かされていましたが、日本を離れ現地で会社経営をしているというのは予想外でした。

実はその頃、Aさんは自社の海外進出を模索していました。

Aさんの会社は飲食業を生業として、東京都内を中心に9店舗、高価格帯の和食店を展開しています。売り上げはそれなりに安定していましたが、逆に言うと頭打ちで、次なる一手を模索していました。ちょうど2013年に和食がユネスコ無形文化遺産に指定され、海外で和食に対する注目度がどんどん高まっていた時期で、Aさんの視野も自然に海外へと向いていたのでした。

そんな背景もあり、Aさんは T氏からの会食の誘いを、受けることにしたのでした。

〝成功者のSNS〟が信頼のきっかけに

久々に会ったT氏は、昔とずいぶんイメージが違いました。互いに年を取ったのはもちろんですが、真っ黒に日焼けして、雰囲気がどこか日本人離れしていました。

「もう10年以上マレーシアにいるから、完全に現地人だよ」

「マレーシア……自分は行ったことがないですが、どんなところですか」

「まあ、のんびりした国だよ。温暖で、物価は安いし、親日だし、暮らしやすい。何より若者の数が多く、熱気があるのがいい。これから間違いなく伸びていくと思う」

互いの近況報告や、昔話に花を咲かせた後、何気なくAさんは聞いてみました。

「ところで兄さん、夏の暑い盛りに、なんで日本に戻ってきたんですか。ただ懐かしいから、じゃないでしょう」

するとT氏は、目を細めて言いました。

「そのとおり。半分は帰郷、半分は仕事ってところかな」

そういって手元にあったビールをぐっと飲み干してから、T氏は再び昔話に話題を切り替えました。しかしAさんとしては、海外でのビジネスについて何らかのヒントを得られるのではないかという思いからこの場に来たので、何とか仕事の話を引き出さなければなりません。

「兄さん、実は私、ちょっと海外で勝負してみたい気持ちがあって」

そんな風に持ち掛けると、T氏は興醒めしたように言いました。

「今日はビジネスの話は無しにしよう。せっかく久々に会えたんだからさ。もし相談があるなら、また素面のときにでも聞くから」

そうしてひたすら旧交を温めるばかりで、その日は終了。去り際にAさんのほうからまた会う約束を取り付け、解散したのでした。

別れてからAさんは、ふと思いついてSNSを開き、T氏について検索しました。出てきた個人ページの文言は当たり前のようにすべて英語でしたが、それでも感じたのは、T氏の事業がうまくいっているということでした。

豪邸のプールに浸かって南国カクテルを飲んでいたり、美女とヨットに乗っていたり、明らかに位の高そうな人物と肩を組んだり……そこにあったのは、紛れもなく成功者の生活でした。

（異国に打って出て、しっかり事業を成功させるなんて、すごい人だ）

それを見てAさんは、T氏に対する尊敬の念を抱いたのでした。

そして次に顔を合わせたときには、Aさんは T氏を信頼し、問われずとも自らの海外への思いについて話していました。

「和食が世界に誇る文化であるのをユネスコが証明してくれました。だからこそ今がチャンスだと思うんです」

T氏は深くうなずき、言いました。

「そのとおり。成功している人間に共通するのは、行動力だ。指をくわえてチャンスを逃すのは、レベルの低い経営者さ。絶対にチャレンジしたほうがいい！」

そんな風に背中を押され、Aさんはうれしく思いました。

「ただし、だ」

T氏はそこでぐっと身を乗り出しました。

「何もわからない異国の地でいきなり店を出して成功できるほど、世間は甘くない。

だから本来ならマーケティングに時間をかけるべきだが、あまり悠長にやっていると競合他社に出し抜かれて、チャンスを逃してしまう。じゃあ、どうすればいいかわかるかい？」

Aさんは少し考えてから、首を振りました。

T氏は自らの言葉を相手に染み込ませるよう、ゆっくりと言いました。

「大切なのは〝試運転〟さ。知見のある人を頼り、まずはどこかの国に一店舗出して、海外での事業のベースを作り上げればいい。それができれば、その地域や文化圏にグローバルに横展開して拡大していけるようになる。一番の問題は、その国の事情に精通し、かつ信頼できる人間を見つけられるかどうかだが……」

そこでT氏はにやりと笑いました。

Aさんははっとして、言いました。

「もしかして兄さん、力になってくれるんですか！」

「もちろんだよ。東南アジアなら、任せとけ！　正直、金はもう十分あるから、共同事業をする気はないけれど、人を紹介したり、物件を探したり、ボランティアの範囲でよければいくらでも手伝ってやるよ」

「そうですか！　ありがとうございます」

こうしてAさんは、いよいよT氏に対する信頼感を深めていったのでした。

王族がらみの国家プロジェクトと、高額な投資金額

その後、実際にT氏は、Aさんを自分の知人に何度か引き合わせました。日本に来る際には、決まって誰かを連れてきて、Aさんに紹介したのです。同じ飲食チェーンの経営者から始まり、有名な食品卸業者のトップ、小売りチェーンの幹部、大手不動産会社の社員まで、さまざまな人々がAさんの前に現れては、にこやかに協力を約束してくれました。

Aさんがもっとも驚いたのは、SNSに映っていた「位の高そうな人物」を紹介され、それがマレーシアの王族であったことでした。民族衣装を身にまとい、厳かな雰囲気を漂わせたその人物もまた、「T氏の友人なら、力を貸そう」と鷹揚に協力を約束してくれました。

ただしAさんには相手の話す言葉がわからなかったので、会話はT氏を通じて行い、

会う時間も短いものでした。しかし、それでも着実に人脈が築けている気がしました。もともと何のプランもイメージもないところから、一気に海外展開が現実味を帯びてきて、Aさんの夢は膨らむ一方でした。

そして初めての出店先は、おのずとマレーシアに絞られてきていました。

もちろん、Aさんもただ言われるがままに動いていたわけではありません。アメリカやヨーロッパの先進国への出店も自分なりに検討してみましたが、家賃や人件費、材料調達の観点などから、なかなかハードルが高そうでした。その点、東南アジアであれば初期投資がかなり少なくて済み、T氏の言う「試運転」を行うには最良の選択肢に思えました。

またマレーシアという国に関しても、過去にスラムだった地区がどんどん開発され都会化するなど成長著しく、人口構成的に考えても今後大いに期待できそうでした。首都クアラルンプールなどには、すでに和食店がいくつもありましたが、T氏いわく「日本人が納得できるような本格派はほぼ存在していない」とのことで、差別化も図れそうです。

このように自分なりに考えを深め、商機を見出したのもあって、Aさんのマレーシアに対する投資熱はいよいよ高まっていきました。

そして季節は移り、夏の暑さが完全に鳴りを潜めて、天がますます高く感じるようになった頃、ついにAさんに吉報が届きます。

「この前、会ってもらった王族からの情報なんだけど、今度クアラルンプールにショッピングモールができるらしい。これは国家もかかわっているプロジェクトで、とん挫する可能性はまずない。立地も最高、予算もかなり潤沢で、確実に人が集まる施設になるから、もう水面下で物件の争奪戦が始まっているって話だ。その事業者の一角に、以前紹介した不動産会社が入っていて、優良物件をすでに押さえているんだって。実は王族のほうからも、プロジェクトを仕切る官僚に和食レストランを入れてはどうかってプッシュしてもらっていて、効果は上々だ」

そこまで言ってから、T氏は鞄から一枚の大きな紙を取り出しました。

「これがショッピングモールの設計図で、押さえている店舗はここ。どうだい、なかなか壮観だろう」

たしかにその店舗はモールの中心に位置し、大きさも十分あります。仮に日本の都心に同じような物件が出たら、かなりの集客が見込めそうです。

「なるほど、でもこれはさすがに、家賃がかなり高そうな……」

「普通ならそうなんだけど、今回は国がやっているプロジェクトだから特別なんだ」

そういって見せられた金額は、およそ日本では考えられないほどの安値でした。

「ええっ！　本当に？」

驚くAさんに対し、T氏は満足気に言いました。

「この金額は、マレーシアでも破格といっていい」

「……すごいな、これじゃあやらない理由を見つけるほうが難しい」

Aさんは興奮を隠せず、設計図を何度も見返しました。

「それで、投資金額なんだけど、２０００万円くらいで済むと思う」

T氏はこともなげに言いました。

「え、２０００万？　家賃がこの価格なのに？」

A氏が思わず聞き直すと、T氏は少し不愉快そうに言いました。

「それはそうだけど、俺のメンツもあるから、あまりチープな店を出すのはやめてほしい。富裕層が喜んで通ってくるような内装にするには、それなりに投資しなきゃだめだ。あとはお国柄、根回しなんかにもけっこう金がかかる。当然だけど、俺の取り分なんて一円も含まれてないよ。一般的にいってそんなに高い金額じゃないはずだ」

「いや、兄さんには本当に感謝してもしきれません。ただうちのような零細企業で、2000万を動かすとなるとさすがに独断じゃあ難しいから……」

T氏はじっとAさんの目を見つめてから、にっこり微笑みました。

「誰が見たって儲かる事業だ。2000万くらいすぐに回収できるのは自明の理というやつだし、そこは頑張って社内や金融機関を説得してくれよ。まあ俺としては、せっかくもらった話だから、もしお前がやらないなら他の誰かに声をかけようと思う。できるだけ早く検討してほしい」

「……わかりました、少しだけ時間をください」


資金を振り込んだ途端、連絡してもなしのつぶてに……

Aさんが何とか社内の承認を取り、資金にも目途をつけられたのは、それから1カ月後でした。その間、T氏からの連絡はほとんどなく「もしかするとすでに別の人に話を持って行ったのかも……」などと、良からぬ想像が浮かびました。

しかしそれは杞憂に終わり、そこから話はとんとん拍子に進んでいきます。

T氏はすぐに、賃貸借契約書や出資証券といった書類を揃えました。

それらにサインをし、T氏から指定された会社の口座に2000万円を振り込んだとき、Aさんは安堵感すら覚えました。

（これできっと、会社は新たなステージに行ける。自分の代でグローバル展開を成し遂げたなら、それで跡継ぎとしての役目は果たせるはずだ。あとは息子に任せよう）

すでにそんな未来まで描き、1年半後のショッピングモール完成が待ち遠しくて仕方ありませんでした。

その後、建設が順調に進んでいるかいつも気になりましたし、テナント物件の内装や、現地での仕入れとオペレーション、メニュー構成などをどうするか、日々考えていました。そんな時間もまた、Aさんにとっては楽しいものでした。

そうした具体的な話を詰めるべく、Aさんは何度かT氏に連絡を入れていましたが、なかなか捕まらず、打ち合わせができません。それまでT氏は月に一度は日本を訪れ、しょっちゅう顔を合わせていましたが、契約が完了した日を境にぱったりと来日しなくなり、リモート会議ですら話ができない状況が続き、Aさんは戸惑いました。

それでも最初は「忙しい人だからしょうがない」と鷹揚に構えていました。しかし1年経ってもまともに連絡がとれていないという段階になって、さすがに不安になりました。

（これはもう、現地に確認に行くしかないか）

Aさんがそう考えていた矢先、思い出したようにT氏から来日の報が入ったのでした。

そして1週間後、久々にT氏と顔を合わせたAさんは、不安を隠さずすぐに本題に入りました。

「ずっと連絡が取れなかったので、とても困りました。あと半年しかありません。決めねばならないことは山のようにあるはずです！」

強い口調でそう言うと、T氏はがっくりと肩を落としました。

「本当に申し訳ない……。実は妻の体調がすぐれなくて、療養のためにヨーロッパの施設を回ったりしていたんだ。精神的にも余裕がなくてね、心配をかけてすまない」

平謝りした後、T氏はAさんの目をじっと見つめて言いました。

「ただ、一つだけ言いたいのは、私はあくまでボランティアで、この話を進めている。

それは忘れないでほしい」

そう言われると、Aさんとしても何も返せません。

畳み掛けるようにT氏は話します。

「実はショッピングモールの開発自体に、けっこう遅れが出ている。東南アジアではしょっちゅう起きることとさ。これればかりは私もコントロールできない」

「遅れというと……どれくらいでしょうか」

「少なくとも3カ月」

「そうですか……」

今度はA氏が、肩を落とす番でした。するとT氏は、スイッチが変わったようにいつもの快活さを取り戻して、Aさんの肩を抱きました。

「大丈夫、箱さえできてしまえば、そこから先はどうにでもなる。一流の内装業者にもあたりをつけてあるし、大船に乗ったつもりでもう少し待っていてほしい」

Aさんはただ、うなずくことしかできませんでした。

国際犯罪の闇に消えた、2000万円

それからさらに半年が経ちました。

その時点で、もはやT氏とは完全に連絡が途絶え、会社の電話すらつながらなくなりました。

それでもAさんは、なかなか現実を直視できず、一縷の望みを持ち続けていました。

（きっとT氏は、奥さんのことで大変なんだ……）

とはいえ、このまま何もせず待ち続けるのはもはや限界です。

Aさんはついにマレーシアへと飛び、クアラルンプールのショッピングモール建設予定地へと足を運んだのでした。

その住所は確かに存在し、中心部からほど近い立地でした。

しかし、そこにはすでに高層ビル群が所狭しと立ち並び、ショッピングモールなど影も形もありません。

Aさんはその場で膝をついて座り込み、長い事立ち上がれませんでした。

こうしてAさんは大金を騙し取られ、後には返済ばかりが残されたのでした。

唯一の救いだったのは、後日、T氏が国際詐欺の容疑で逮捕されたことでした。

被害者の一人としてAさんも捜査に協力しましたが、警察から聞いたところによると、T氏はこの数年間、同様の手口で何人もの経営者から金を騙し取っていたそうです。

お金を振り込んでから1年後に、わざわざAさんと会って言い訳をしたのも、他の人を騙している最中にAさんがマレーシアを訪れ悪事が露見するのを防ぐためでした。

実際にターゲットとなった経営者の一人が不審がり、こっそりとマレーシアに行って現地を確認したことで詐欺であると発覚、警察に相談し、次にT氏と会うタイミングでの逮捕となりました。

ただ、T氏は「騙し取ったお金はすでに借金返済に充てた」と話し、実際に口座にはほとんど残っておらず、Aさんの2000万円は国際犯罪の闇に溶けたのでした……。

解説編

どんな話もまずは疑ってかかり、現地には必ず足を運ぶ

詐欺犯罪の代表格といえる投資詐欺は国際的によく行われるもので、その被害は後を絶ちません。他者からの勧めや、共同事業で海外進出を考えるような際には、十分に注意を払う必要があります。

犯罪者はまさに手を変え品を変えて、「うまい話」を持ち掛けてきます。たとえばコロナ禍では医療用マスクやグローブの取引に関する詐欺が横行し、近年は仮想通貨にまつわる詐欺も多く見られます。

このような犯罪はありふれているにもかかわらず、多くの人が「自分は騙されない」と自信を持っています。しかし、本当にそうでしょうか。詐欺師はその道のプロであり、「自分は大丈夫」と高を括っているその油断にこそつけ込み、「この人なら大丈夫」と思わせて金を巻き上げます。また、国内ならまだしも、自らの知識が

あまり及ばぬ海外で儲け話があったなら、その真偽を見抜くのはなかなか難しいはずです。

今回の事例で取り上げたAさんは、まさに巧妙な罠にはまった典型といえます。物語をよく読むと見えてくるのが、詐欺師であるT氏の巧妙さです。はじめはAさんも訝しんでいましたが、その警戒心を解くためにあえて投資話はおくびにも出さず、ただ旧交を温めるだけに止めています。その裏で、相手が必ずSNSをチェックするだろうと読み、成功者を装ったSNSをあらかじめ作成しています。

こうして、T氏から投資話を持ち掛けることなく、あくまで相手の方から興味を持つように仕向けているのです。

さらに協力を申し出る際にも、「金はもう十分ある。ボランティアならやってもいい」と、あくまで善意を強調し、詐欺のにおいを徹底して消しています。それとともに、たくさんの関係者と引き合わせたり、設計図を用意したりと、信ぴょう性を高めるための数々の手を打っていきます。

自分のほうから興味を持ち、なおかつ相手が善意の存在であると確信したAさんは、その時点で詐欺の可能性などまったく思い浮かばなくなっています。

そこまで洗脳したら、仕上げです。

具体的な金額を示して投資を迫り、渋れば他の人に回すぞと暗に脅しをかける……。結果としてAさんは、お金を振り込んだ時に安堵感を覚えるほど、T氏に心をからめとられてしまったのです。

ではAさんは、何をすれば被害を回避できたのか。

本来であれば、2000万円という大金を投資するにもかかわらず現地に一度も足を運ばないのはありえない話です。海外で事業を始めるなら、事前に現地や現場には必ず赴き、自らの目で状況を確認するのがセオリーといえます。

また、日本人は世界的に見て「お人好し」で、疑うよりもまずは信じてかかる傾向があります。しかしその感覚で海外に出ると、騙される可能性が高いです。海外の人々は日本人よりはるかにしたたかで、うまい話にも必ずと言っていいほど裏があるものです。たとえどんなに信用のおける相手だとしても、一度は疑ってみるのが大切です。

なお、今回Aさんがお金を振り込んだ会社は、いわゆるペーパーカンパニーでしたが、取引先が果たして実体のある会社かどうか調べることでも、詐欺を見抜ける場合があります。どんな会社でも年に一回は決算書を作るものですから、それをチェックしてまったくお金の動きがないなら、ペーパーカンパニーの可能性が高くなります。

もし自分が決算書を読むのが苦手であるなら、会計士に決算書や投資先の会社の調査（デューデリジェンス）を依頼することもできます。実際に投資先として実態がある会社か、数値面におかしなところはないかといった点をチェックしてもらうのも架空投資詐欺を防ぐ一つの方法です。

ケース⑧

内部監査人への色仕掛け

……子会社に隠された不正

「最近、ハンガリーの子会社がどうもうまくいっていないようだ。行って、見てきてくれないか」

社長直々の依頼とあって、Fさんは身の引き締まる思いがしました。

Fさんの勤める会社は、主に機械部品を製造する大手メーカーであり、世界中に子会社を持っています。その管理にはかなりの労力を要し、内部監査部門の出番は数多くありました。Fさんが内部監査部長となって4年が経ち、海外を飛び回ってきましたが、東欧を訪れるのは初めてでした。

「駐在員はいるのでしょうか」

「いるにはいるが、もう定年間際の事なかれ主義で、どうやらあまり主体的に会社に関わってはいないようだ。そのあたりも併せて確認してくれ」

「承知しました」

社長との会談から3日後、Fさんはさっそくハンガリーへと飛んだのでした。

子会社は、首都であるブダペストから車で1時間ほど走った場所にあり、二つ並んだ大きな工場の中で300人を超える従業員が働いています。現地化の成功事例として社内でもよく取り上げられてきたのですが、近年上がってくる報告書に対して本社の重役の一人が違和感を持ちました。駐在員に問いただしても、不明瞭な回答ばかり繰り返すので、痺れを切らした社長が、内部監査の派遣を決めたのでした。

リスト・フェレンツ国際空港で駐在員のY氏と合流したFさんは、たわいもない世間話をしながら相手の人となりを観察していました。時にやや突っ込んだ質問を振ると、Y氏は口を濁すばかりで、それで会社とのかかわり方が透けて見えました。

(なるほど。これは現地社長の言いなりだ)

駐在員が本社よりも現地のトップの方を向いてしまうケースは、実は珍しくありません。「郷に入っては郷に従え」で、遠くの上役より目の前の権力者に首を垂れるほうが、現地での生活がうまくいくからです。

子会社に到着すると、入り口には若い女性が待機しており、Fさんを見ると愛想良く微笑みました。

「彼女は社長秘書です」

Y氏が横でそう言います。

「ずいぶんと若いですね」

まだ幼さの残るその顔立ちは、どうみても20歳前後です。茶色く染めた髪に派手なネイルアートと、とても仕事をする雰囲気ではありません。

その時点で、Fさんはある程度の事情を察しました。

(なるほど、愛人を侍らせても誰からも文句が出ないわけか。これは思ったよりも深刻かもしれないな……)

内部監査で探す、隠された真実

工場の2階にある社長室は広く、革張りのソファーやウオールナット材と思われるテーブルなど、高級そうな家具が配されています。

「ウェルカム!」

大きな声と満面の笑みで近づいてくるその男こそが、子会社を率いるQ社長でした。

「まあ、座って座って。旅はどうだった？　長時間のフライトで大変だったろう。何もない町だけれど、ゆっくりとしていくといい。そうだ、今日か明日、ディナーをしないか」

流暢な英語で快活に話すQ社長は、物腰も柔らかく、いかにも好人物といった雰囲気です。しかし海外での監査経験を積んだFさんは、このようなフレンドリーなタイプこそ実は怪しいというのをよく理解していました。

「そういえば、内部監査だったね。うちには隠すようなことは一切ないから、徹底して調べてくれ」

そう言ってにっこりした後、Q社長が内線をかけると、すぐに一人の女性が社長室に入ってきました。

「紹介しよう。うちの経理を任せているP部長だ。今回の内部監査のサポートをしてもらう。ＢＩＧ４[*1]の出身でとても優秀な人材だから、何でも言ってほしい」

グレーのスーツを着て落ち着いた雰囲気のその女性は、先ほどあった秘書とはまさに対照的でした。年齢は40代くらいに見えます。背筋は伸び、こちらの目をまっすぐに見つめてくるその様子は、自信に溢れていました。

このP部長こそが今回の監査のキーマンであると、Fさんはすぐに理解しました。

そしていよいよ、内部監査が始まります。

今回のFさんのミッションは、財務諸表の数値がはたして正しいかを確認する、財務デューデリジェンスに近いものです。それにあたっては、ただ帳簿とにらめっこすればいいわけではなく、在庫管理や工場の稼働状況など、現場で見るべき点が多くあります。

Fさんがまず向かったのは、トイレでした。

トイレの清潔感に、会社の整理整頓に対する姿勢が表れる。トイレがいつもぴかぴかに輝いているような会社は、あらゆる点で整理整頓が行き届き、財務諸表もまたきれいであり、逆も然り――それが、Fさんの持論です。

結果として、トイレは「可もなく不可もなく」といった感じでした。目立つ部分はきれいな反面、見えない部分や細かな部分があまり清掃された形跡がないのが気になりました。

工場の方は、一見するとかなりきれいに保たれています。しかし表面上の美しさに騙されることなく、現実をより深掘りして真実に辿り着くのが内部監査人の仕事です。

「二つの工場はとりあえず問題なさそうですが……そういえば、確か敷地内にはもう一つ、小さな工場があったはずです」

Fさんが言うと、P部長はふっと顔を背けました。

「見ても時間の無駄ですよ」

「念のため、確認させてください」

そうはっきり伝えても、P部長は明らかに気乗りしない表情でした。

工場に着くと、そこには人気がありません。

機械は埃を被り、しばらく使われていないようでした。

（報告書では、この工場はフル稼働していることになっていたような……）

そこで、Fさんの脳裏にぱっと数字が浮かびました。

（たしか帳簿上では、ここの価値はずっと10億円で計上されていた。稼働していないなら減損処理[*2]が必要だが……もしや赤字隠しか）

Fさんは、その場ではあえて何も指摘せず、後に事実関係をしっかりと確認してからP部長に事の次第を問いただすことにしました。

その後、内部監査は帳簿類の確認へと進んでいきました。

Fさんが気になったのは、長年にわたり退職金が計上[*3]された形跡がないことでした。P部長がべったりと張り付いていたので、社員たちから確認を取れなかったのですが、この規模の会社で退職金（退職給付引当金）の計上がないのは異例です。

また、材料などの仕入れ価格も、Fさんが事前に調べていた相場よりもずいぶん高くなっていました。その仕入れ先の代表者の姓がQ社長と同じであるのも大いに気にかかります。

（もはや疑いようもない。これは……黒だ）

予想外の、クリスマスパーティへの誘い

監査開始から3日目。

次第に状況が明らかになり、FさんはP部長と対峙しました。

「いいですか。稼働していない工場の減損処理をしていないのは、明らかに虚偽の報告であり、赤字隠しに当たると判断します。退職金に関する債務については、なぜ決

算書に計上していないのか教えてください。あとは、材料の仕入れ値の一部が明らかに高すぎる。調べたところ、これらの仕入れ先は全部、Q社長の同族が経営する会社ですね。キックバックがあったんじゃないですか」

P部長はそうした追及を聞いても、顔色一つ変えませんでした。

自らも監査を熟知していますから、これまでの調査を見ればいずれ指摘を受けるのがわかっていたためでしょう。

そんなP部長に対し、Fさんは言葉を重ねました。

「不正が行われた、明らかな形跡があります。そして経理トップであるあなたが、それを知らないはずはありません。社長と組んで、帳簿を操作していた。違いますか？」

するとP部長は、予想外ににっこりと笑いました。

「まあまあ、そう熱くならないでください。今夜はクリスマスパーティです。もし気になることがあるなら、明日の最終報告で全部話せばいいだけです。もう監査は終わり。あとはパーティを楽しんでほしいです」

Fさんはその様子を不審に思いました。

本社への最終報告を行った時点で、P部長の責任問題になるのは明らかで、もはや絶体絶命です。そして、そのことに気づいていないはずはありません。こうした場合、なんとか言い訳をし、必死に相手を説得しようとするものですが、その気配すらなく、むしろフレンドリーに接してくる理由が、Fさんにはわかりませんでした。

その後もP部長はのらりくらりと話をはぐらかし、終業時間となりました。

「2時間後、クリスマスパーティの会場である飲食店に来てほしい」

P部長はそう言い残して、そそくさと帰っていきました。

Fさんの本心としては、不正をしている可能性が高い張本人たちとパーティに興じるなど気が進みませんでしたが、Q社長や駐在員のY氏から繰り返し招待を受け、頭を下げられては、断り切れません。付き合い程度に顔を出すことにしました。

会場に着くと、P部長がQ社長とともに、奥の方から手招きをしています。手を挙げて応えながら近づいていき、あらためてP部長を見て、Fさんは目を見張りました。

化粧っけのなかった顔はしっかりと整えられ、真っ赤な口紅が目立っています。香水の強いにおいが、Fさんの鼻をくすぐります。

何より驚いたのはそのファッションです。身体のラインがくっきりと浮き出て、胸元や太ももがあらわなピンク色のタイトワンピースを着ていたのです。

「待っていました。さあさあ、ここに座ってください」

色仕掛けの効果と、不正の代償

戸惑うFさんを自分の横に座らせたP部長は、すぐに席を寄せてきて、お酒の酌をするようになりました。そして30分もすると、時にFさんにしなだれかかったり、耳元に口を寄せてささやいたりと、およそ会社の宴席とは思えぬ行動に出てきました。

隣に座るQ社長は、その様子を見て見ぬふりといった感じです。

Fさんはげんなりして、早々に退出を申し出て、引き留められるのを振り切って店を出ました。するとその後を追いかけてきたP部長が、言いました。

「今晩、部屋を取っているの。よければそこで飲み直しましょう」

そういってホテルの住所を記した紙と、ルームキーをFさんの手に素早く押し付け、パーティ会場へと戻っていったのでした。

Ｆさんはその後、迷わずホテルに直行しました。

そしてフロントで鍵を取り出してスタッフに渡してから、言いました。

「先ほど道で拾ったのですが、これはこのホテルの鍵ですね。お返しします」

＊＊＊

翌日、最終報告会に出席したＰ部長は、当然のごとくビジネススタイルに戻っていました。さすがに元気がないように見えましたが、自業自得です。

せっかくの色仕掛けも、Ｆさんにとって逆効果でした。

おかしな点は徹底的に追求し、不正について断罪し、報告はかなり厳しい内容で締めくくられました。

それを受けて、本社ではＱ社長およびＰ部長を解任するとともに、損害賠償請求に踏み切ることになりました。

彼らは果たしていつから不正をするようになったのかわかりませんが、Ｑ社長とＰ部長が子会社を率いるようになって10年以上の歳月が経っていましたから、その間ずっと本社を騙していたこともありえます。

子会社が不正を働けば、親会社は結果として虚偽の財務報告を余儀なくされます。そして世間にとっては、海外の子会社であろうが本社であろうが、同じ看板で仕事をする一つの組織に他ならず、虚偽報告による信用の失墜は大きなものです。

後日、長期間にわたっていたであろう子会社の不正が株主たちに伝えられると、当然ながら厳しい声が相次ぎました。それが全国ニュースでも取り上げられ、株価の下落を引き起こしました。また、ハンガリーにおいても子会社の評判は地に落ち、複数の業者が去っていき、一時的に工場を閉鎖せねばならない事態となったのでした。

＊1　BIG4とは……世界でもっとも影響力があるとされる巨大な会計事務所グループ。「Deloitte, E&Y, KPMG, PwC」の4社を指す。いずれも世界の150を超える国や地域に、メンバーファームや関連会社を有し、監査法人、コンサル会社、税理士法人など多種多様なサービスを提供している。

＊2　減損処理とは……固定資産に関する会計処理の一つで、固定資産が何らかの事由により簿価ほどの価値がないと認められる場合に、その価値を再評価して、簿価を切り下げることである。資産価値を減少させる処理ともいえる。例えば、土地の評価額の著しい下落、固定資産の使用方法の著しい変化、継続的な営業赤字など、が減損事由となる。なお、減損処理をした際には減損金額が多額に発生することが多く、そのため、企業利益を減少させることになるため、不正に減損損失を計上させないようにする動機が働きやすい。特に昨今では業績悪化により海外子会社での固定資産の減損処理を隠蔽していたことが発覚したような事例もある。

＊3　退職金の計上……企業が従業員の退職後の生活のために設ける「企業年金制度」のうち確定給付型企業年金においては、労使の合意のもと、将来の年金給付額を設定し、それに必要な掛金を会社が拠出していく。企業側からすると実質的な長期債務を有することになるため、計算された退職給付債務等を基礎として退職給付に係る負債の計上が必要となる。

解説編

「不正のトライアングル」を理解し、発生を防ぐ

グローバル企業をはじめ、日本の会社が海外進出する際に苦労するのが、現地の会社の管理です。組織運営や人材採用がうまくいかないのは日常茶飯事ですが、もっともダメージが大きいトラブルの一つが、子会社による不正でしょう。

事例では、子会社のトップと経理部長が組んで自社の損失を隠し、減損損失や退職給付債務を本社に隠していました。そうして業績好調を装えば、自分たちのボーナスも増えるわけです。

また、親族が経営する会社などと共謀して、相場よりはるかに高い値段で品物を買い、その利益の一部をキックバックさせるような不正は、海外で本当によく起きます。

なお、こうした個人による不正は動機、機会、正当化という三つの要素が重なる

ことで発生しやすくなるとされ、「不正のトライアングル」と呼ばれています。

この概念は、アメリカの犯罪学者ドナルド・レイ・クレッシーによって提唱されました。

まず動機とは、個人が不正を行うに至るプレッシャーが存在することです。経済的困窮やパワハラなどは、その代表といえます。機会とは、不正を実行するチャンスがあることです。内部統制が弱い、適切な監査が行われていない、システムに穴があるなど、さまざまな要因が考えられます。そして正当化とは、個人が自分の行動を正しいと思い込む理由付けが存在することです。「会社を守るためだからしかたがない」「本社のやり方は間違っている」などと自分に言い聞かせながら、時に犯罪に手を染めます。

企業側としては、この不正のトライアングルを理解し、うまく管理することで、不正の発生を防がねばなりません。

海外の子会社にターゲットを絞るなら、管理するにあたってまず注目すべきは、動機です。事例のような製造業では、特に日本のモノづくりのクオリティを海外でも求めるべく、本社のやり方を子会社に押し付けがちです。しかし、海外の人々のほとんどは日本人のような細やかさや丁寧さは持ち合わせておらず、きちんとした教育体制でもない限りは、日本企業の真似はできないものです。

結果として、子会社には「もっと良いモノを作れ」「さらに生産性を高めよ」などといったプレッシャーがかかるケースが多く、それが不正の動機となるのです。また、日本にいると気付かないことも多いですが、国によっては家族を背負って、明日を生きるためのお金を稼ぐだけでも精一杯な環境であることもあり、個人的な資金的困窮プレッシャーから不正を働くこともあります。

そうしてプレッシャーをかけすぎないためにも、親会社はいきなり結果を求めすぎず、徐々に組織を変えていくという意識で管理を行うのが大切です。

機会については、現地化を進めるとはいえ、あまりに地元の人間だけで固めてしまうと、結託して不正を働くチャンスが生まれやすくなります。そして、いくら日本から厳しくコントロールしようとしても、現地の人々はまず言うことを聞きません。「やりたい放題」にならないよう、内部統制や定期的な監査、権限の抑制、有能な駐在員や現地に詳しいコンサルタントの派遣など、機会を与えない仕組みづくりが求められます。

そして何より重要なのは、必ず定期的に現地を訪れ、目で見て確認することです。近年はリモートで内部監査を行うケースも増えていますが、不正を完全に予防するのは難しいものがあります。事例の内部監査部長のように、自らの足で工場を回り、報告書との齟齬や矛盾を調査するのがもっとも確実と言えます。

不正のトライアングル

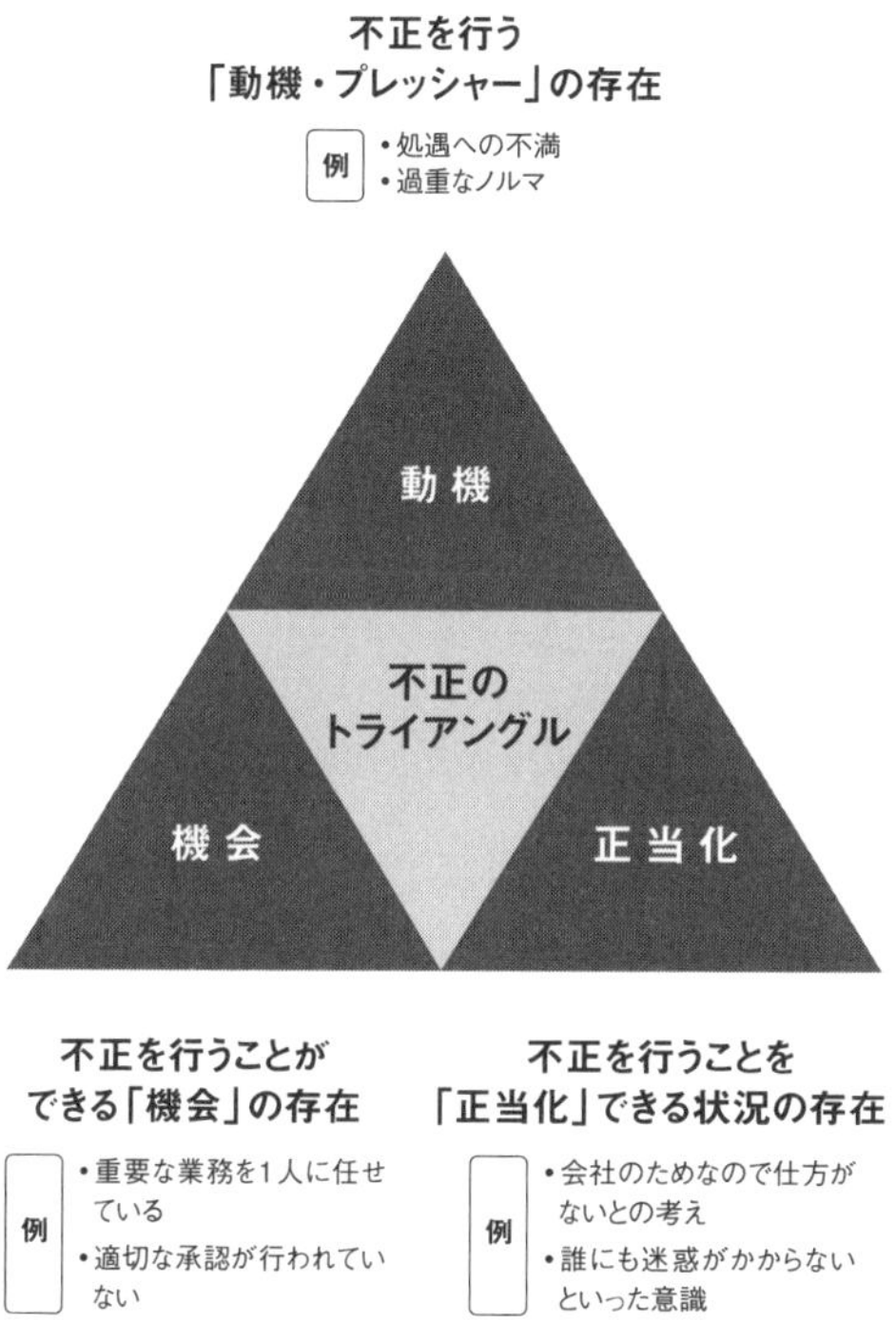
不正を行う
「動機・プレッシャー」の存在
例
•処遇への不満
•過重なノルマ
動機
不正の
トライアングル
機会
正当化
不正を行うことが
できる「機会」の存在
例
•重要な業務を1人に任せている
•適切な承認が行われていない
不正を行うことを
「正当化」できる状況の存在
例
•会社のためなので仕方がないとの考え
•誰にも迷惑がかからないといった意識

ケース⑨

アジアを見下すバブル世代

……現地人に手玉に取られ、不正を見逃す

大手小売チェーンで営業部長を務めるUさんは、若い頃から海外での営業活動を経験し、アジアを中心に販売網を構築してきました。

その実績が評価されて営業部トップのポジションにつき、実力も折り紙付きでしたが、性格としてやや懐古主義的な面があり、昔ながらの足で稼ぐ営業スタイルにこだわりを持っていました。

Uさんがアジアを巡ったのは１９８０年代後半で、経済が右肩上がりに成長し、世界で「ジャパン・アズ・ナンバーワン」と呼ばれた時代でした。

当時、中国を含むアジア各国はまだまだ発展途上であり、日本に憧れ、日本から学ぼうという国がいくつもありました。日本企業も怒涛の如くアジアに進出し、工業品の輸出や生産拠点の建設、安価な輸入品の開拓など、グローバルな経済活動を行うよ

うになりました。

そんな黄金期に、アジア中を肩で風を切って歩いてきたのがUさんであり、いまだにその印象は本人の中に根強く残っていました。

ですから、50代の半ばに差し掛かったタイミングで「中国に行って生産拠点の経理関係を見てほしい」と直接社長から頼まれたときにも、二つ返事で引き受けたのでした。

中国を訪れるのは実に久しぶりでしたが、上海浦東国際空港に到着した時点から、Uさんはその発展度合いに驚きを隠せませんでした。

上海の街も、昔の面影などほとんど残っておらず、他の先進国の都会とさして違わぬ風景が広がっていて、一抹の寂しさを感じました。

しかし、中国の人々の活気ある様子を見るうちに、次第に昔の感覚がよみがえってきました。背筋を伸ばし、堂々と胸を張って、上海の拠点へと向かったのでした。そして上海の南、平湖市にある生産拠点に着いた頃には、自信に満ち溢れていた過去の自分を、完全に取り戻していました。

「こんにちは。ようこそお越しくださいました」

Uさんを出迎えたのは、流暢に日本語を話す現地の従業員でした。

「経理部長のXと申します。私がご案内と通訳をいたします」

英語はともかく中国語はまったくわからないUさんは、日本語を聞き少し安心しましたが、あえて無愛想に返事をしました。

「どうも、Uです。よろしく」

どんな時もなめられてはいけない。常に威厳を示さねばならない。

それがUさんが若き日に学んだルールでした。

内部通報により発覚した、水増し請求

Uさんが社長から依頼されたことの一つが、生産拠点の経理関係の確認でした。

「報告書の数字にどうも違和感があるので、その目でチェックしてほしい」

社長はそう言いましたが、Uさんは営業周りの数字には強くとも、細かな経理の数値まではわかりません。社長もそれは理解していて、経理部長をお供に付けたという事情がありました。

Uさんは自らのミッションを果たすべく、さっそく経理部長を問いただしました。

「おい、この数字はどんな意味がある」

「ここの仕入れ値は、どうなっているんだ」

「なぜ在庫とズレがあるか、説明せよ」

はたから見ればまるで尋問のようですが、経理部長は特に気にすることもなく、へりくだって答えていきます。

最初こそ、どんな些細な点も見逃さぬように気を張っていたUさんでしたが、常に丁寧で、しかも自分に忠実な様子の経理部長に対し、次第に心を許していきました。

そして半日もすると、知りたいポイントだけ伝え、実際のチェックは経理部長に任せるようになりました。

Uさんの関心は、実はすでに自らの専門分野である営業に移っていました。

社長の依頼とは関係なく、今一つ成績の振るわぬ営業部に喝を入れ、立て直すつもりでした。

それから1週間、Uさんはほぼ営業部に付きっきりで指導を行い、帰国の途につきました。自らの営業魂とノウハウを、従業員たちにしっかりと刻み込むことができたと、満足していました。

しかし帰国して1カ月も経たぬうちに、思いがけない報告が上海から届きます。

ある日、出社したUさんの元に社長秘書がやってきて、言いました。

「部長、申し訳ありませんが、これから社長室に来ていただけないでしょうか」

「どういうことだい」

「いえ、私も詳しくはわからないのですが、社長はご立腹のご様子で……」

慌てて社長室に行くと、秘書が言ったとおり明らかに機嫌を損ねた顔の社長が、Uさんを待ち構えていました。

「上海から内部通報が入りました。それによれば生産拠点で水増し請求が日常化し、そのキックバックが現地社長と経理部長に流れているとのことです。証拠の書類も添付されていて、不正があったのは間違いありません」

Uさんは、顔から血の気が引くのがわかりました。

「あなたの報告書には、おかしな点は無いと書かれていた。現地に飛び、書類をその目で確認しておきながら、このような初歩的な不正を見落としたのは、一体なぜですか」

「帳簿類の確認は、現地の経理部長に任せておりまして……」

「だからその経理部長が、不正をした一味だったと言っているんだ！」

声を荒げる社長の前に、Uさんは言葉を失いました。

「アジアで実績を作ってきたあなたなら、現地の人間もうまくコントロールできると思っていたのに、簡単に手のひらで転がされるとは……。ついでに言うと、あなたが指導した営業部の連中からは、抗議が来ています。とにかく偉そうで、時代遅れの営業論を押し付けられた、一体何様なんだと」

「そんなはずは……」

「いずれにせよ、あなたを派遣したのは明らかに私の人選ミスだった……もういい、下がってください」

こうしてUさんは、キャリア終盤で大きく躓き、有終の美を飾ることが出来ぬまま定年を迎えたのでした。

解説編

アジア圏ではよく見られる、キックバック不正

バブルを経験し、グローバルに活躍していた人材もすでに50代となりました。ジャパン・アズ・ナンバーワンの黄金期を体験したこの世代の一部には、事例のUさんのようにアジアをいまだにどこか見下しているような人がいます。

たしかに当時、日本はアジア経済の先導者であり、他の国々の多くは発展途上でした。

しかし、この構図は現代にはまったく当てはまりません。

実際にアジアの主要都市を巡ってみるとわかりますが、ビル群が立ち並び、富裕層が数多く住み、東京と差のないくらいに発展を遂げています。中国もまた然りで、特にＩＴ技術の普及は日本の上をいっています。

そうした現実を理解していれば、「アジアが日本よりも下」などとはまったく考え

なくなるはずです。

事例では、日本語ができる中国人の経理部長が、Uさんを手玉に取って水増し請求をうまく隠しています。

私が知る限りですが、中国の人々は互いの結び付きを大切にし、家族や仲間には尽くす反面、その結び付きの外にいる相手にはビジネスライクに接する印象です。仮に中国の拠点にいる人材のすべてが現地人であるなら、幹部たちの結束力は固く、日本からの干渉をなかなか受け付けない可能性もあります。

組織として一枚岩であるのは強みともなりますが、一方で事例のように、身内に利をもたらすような取引ばかりが日常化し、不正の温床ともなりかねません。キックバックはまさにその典型例で、アジア各国でもよく見られる不正です。

海外に単身で乗り込み、言葉に自信がないと、どうしても日本語ができる現地社員を頼ってしまうものですが、いくら表面上は従順で愛想が良くても、相手はあくまで現地の人間であり、本心がどこにあるかはわかりません。言葉よりも数字やエビデンスを重視し、冷静に虚実を判断することが求められます。

これは内部監査だけではなく、アジアでビジネスを行う際に広く当てはまる鉄則です。日本人は良く言えば優しく、悪く言えばお人好しで、結果的に海外では騙されやすい傾向があると感じます。プライベートな関係ならともかく、ビジネスの場では、最初はある程度相手を疑ってかかるくらいがちょうどよいかもしれません。常に物事を論理的に判断する意識を持つことが大切です。

ケース⑩

一流商社も見抜けない

……循環取引で数十億円の架空売り上げを計上

中国・北京にある拠点に、Bさんが赴任してから一年が経っていました。

所属する日本の大手商社で、Bさんは出世頭と目されており、30歳の若さでアジアのハブとなる重要拠点、Z社の駐在員を任されました。

はじめこそ、日常的な贈り物のやりとりや根回しの多さといった中国独自の商習慣に戸惑いましたが、すぐにその構造を理解してフィットしていきました。

売り上げも順調に伸び、すでに目標をクリアしていました。

本社からの評価も高まり、まさに順風満帆といえ、Bさんはいよいよ自信を深めていました。

その頃、Bさんがしょっちゅう通うようになったのが、現地の「カラオケ」でした。

実は北京では、日本人向けの高級ナイトクラブがカラオケと呼ばれており、駐在員たちの憩いの場、そして情報交換の場となっていました。

Bさんももともとは情報を仕入れるために足を運んだのですが、片言ながら日本語が通じ、しかも美女たちから大臣のようにもてなされる夜の世界のとりことなりました。

会社の業績が良いこともあって、本社も多少の遊びには目をつぶり、経費を細かく追及するようなことはしませんでした。Bさんもそれは重々承知で、頻繁にカラオケに通っては景気良く散財し、お得意様としてますますちやほやされていました。

そうしてまさに我が世の春を謳歌していたのですが、たった一本の電話を境に、すべてがひっくり返ることになります。

その日の仕事を終えたBさんが、今日はどこのカラオケに行こうかと考えていたところ、スマートフォンが震えました。画面を見れば、本社の上司である部長からでした。そうして本人が直接電話をかけてくることはほとんどなかったため、Bさんは訝しく思いました。

「はい、Bでございます。部長、どうなさいましたか」

挨拶もそこそこに、部長は本題に入りました。

「社長が最近、コンプライアンスの強化に乗り出したのは知っていると思う。その一環で、海外の子会社にも簡易的な内部監査を行っているわけだが、そこでZ社が引っ掛かってね」

「引っ掛かった……どういった点でしょうか」

「君は今、会社にいくらキャッシュがあるか、把握しているか」

「……いえ、具体的な金額はわかりません。ただ、何か大きな投資をしたわけでもありませんから、売り上げに見合った額があるはずです」

「ではすぐに会社の口座を見てみるといい」

電話を切り、その場で銀行の口座情報にアクセスし、Bさんは目を疑いました。

（1500元？　嘘だろう……）

日本円にして3万円ほどしか、口座には残っていませんでした。

（一体何が起きているんだ……）

Bさんはわけがわからず、激しく混乱しました。

50億円がすべて溶け、責任問題に

その後、本格的な内部調査で明らかになったのは、Z社で行われていた循環取引*でした。

その手口は巧妙で、まず自社から関連会社Aに商品を販売し、A社がそれをそのまま海外の関連会社Bへと売却、B社に流れた商品を最終的に自社で買い戻すという流れで行われていました。海外の関連会社をはさみ、為替レートや物価といった不確定要素を加えることで、取引をさらに複雑化させ、それが果たして適正な取引なのか一見してわからないようになっていました。

こうして計上された架空の売り上げにより、Z社のビジネスは極めて順調であるように見えましたが、販売した自社の商品を買い戻していただけですから、当然ながら利益はゼロです。この循環取引は、Bさんの赴任を境に少しずつ行われるようになり、最終的に売り上げの8割が架空のものとなっていました。結果として会社の口座からはキャッシュが消え、本社の知るところとなったのでした。

「なぜ循環取引に気づけなかったんだ。契約書に目を通さなかったのか」

部長に対し、Bさんは返す言葉がありません。

中国の商習慣として、互いの信頼関係をもとに口約束で契約を進めることがあります。そうした場合、契約書が残りません。Bさんもまた、現地の社長や経理部長からそのように聞かされていました。また、華僑のネットワークは世界中に広がり、結びつきは強固です。中華企業同士の取引は、当人たちに任せておくのが一番だろうとBさんは考え、その中身にはあえて口出しせず、成果のみを求めてきましたが、それが完全に裏目に出た格好です。

「いいか、50億円以上あったキャッシュがすべて溶けたんだ。事態は深刻だぞ。相応の人事が下るだろうから、覚悟してほしい」

電話を切り、Bさんはがっくりとうなだれました。

しかし不幸はそれだけに止まりませんでした。

Bさんに帰国命令が下ってすぐ、Z社に明らかにガラの悪そうな男たちがやってきました。

「おたくの社長、うちのカラオケ店にツケがある。とりあえず社長を呼べ」

受付でそう凄み、慌てて出てきたBさんに対し、男の一人が肩を組んで言いました。

「社長、月末の引き落としができなくて、困っています。55万4392元、一体いつ払ってくれますか」

当然ながら、もう会社は助けてはくれません。

Bさんはこれまで貯めた預金をすべて吐き出し、ほぼ一文無しになって帰国することになったのでした。

＊循環取引とは……主に財務報告の不正行為や市場操作を目的として行われる一連の取引。企業同士が相互に商品やサービスを売買し合うという虚偽の取引によって売り上げや取引量を偽装し、架空の業績を計上する。

解説編

任せるべき部分は任せつつ、最後は日本人がしっかりチェック

一流商社というグローバル企業の、極めて優秀な人材ですら、場合によっては騙されることがある――それがこの事例の教訓であり、海外進出の難しさを物語っています。

日本なら、Bさんのように売り上げを重視し、結果を出せばその過程はあまり問わないというやり方であっても、不正は起きにくいです。なぜなら、Bさんがいくら「過程は問わない」といっても、必ずどこかの部署により、正しく契約が結ばれているか、取引や出入金が適正かといったチェックが行われ、けん制が効いているからです。

しかし、その感覚で海外に出るのはリスクが伴います。現地の会社は、社内に日本のようなチェック体制を備えておらず裏で何が行われているかわからないことが

多いです。

Bさんは、郷に入っては郷に従えの精神で、中国の商習慣を受け入れました。それ自体はまったく悪い事ではなく、むしろ海外でうまく会社を運営するための重要なポイントの一つです。

事例で言うと、たとえば営業活動は現地の流儀に従い、その地の人々に任せるほうが間違いなく成果があがりやすいでしょう。

しかし商談がまとまった際には、口約束で終わらせることなく、しっかり契約書を締結するようルール化したり、出入金に関する報告義務を設けたり、在庫管理を徹底したりと、きちんとしたチェック体制を作っておけば、循環取引のような不正にもすぐに気づけます。すべてを現地任せにするのではなく、要所要所で日本人がしっかりと確認を行うというのが大切です。

なお、事例に登場したカラオケのような、日本人の駐在員をターゲットとした大人の社交場はアジア各地にあります。うまく活用すれば、貴重な情報交換の場となりますが、度が過ぎると大きなトラブルを招きます。

実際に私の耳にも、「借金を作り、それが本社にばれて強制送還」「ツケが溜まり過ぎて支払いができず、日本の本社にまで取り立てが来た」といったような話が、いくつか入ってきています。

本社としても、そうした社員の行動が自社の看板を傷つけることのないように、常に注意を払わなければなりません。

ケース⑪

裸の王様がクラッシャーに

……現地社長が力を持ちすぎ秩序が崩壊

「タイに飛んでくれ」

監査部長からそう言われたとき、Tさんは「来るべき時が来た」と思いました。

自動車部品業界の有名企業である本社では、アジア圏にいくつも製造拠点を持っており、タイにも現地法人がありました。

その子会社を率いているのは日本人のE社長で、タイに赴任してすでに20年が経っています。最初は駐在員として行き、次第にタイという国に愛着が湧いて定住、その後社長にまで上り詰めた人物でした。彼の社長就任以来、子会社は順調に成長を続けており、アジア圏ではトップクラスの業績でした。

そうした成果を背景に、E社長は次第に本社に対し強い態度に出るようになり、最近では指示を拒否したり、無視したりすることさえありました。

はじめは黙認していた経営陣も、さすがに限度を超えたと判断し、ついに内部監査を実施する運びとなったのでした。

Tさんはすぐにタイに入り、子会社のあるバンコク郊外に向かいました。

当然ながら、内部監査に訪れるというのは事前に伝え、子会社側も了承していました。しかし現地に着くと、門の前に陣取った警備員が、なんやかんやと理由をつけてなかなか通してくれません。わざわざ本社に事情を伝え、あらためて子会社とコンタクトをとってもらい、ようやく門が開いたのは、到着から2時間後でした。

(明らかな嫌がらせ……そして意思表示だ)

Tさんは、今回の内部監査が一筋縄ではいかないのを悟りました。

「まずはE社長にご挨拶をさせてください」

担当者にそう伝えてから、E社長が姿を見せたのはさらに1時間後のことでした。

「忙しいんだ。手短に済ませてくれ」

E社長は不機嫌を隠そうともしません。

それでも自らの任を果たさなければなりませんから、Tさんはなんとかe社長と友好的な関係を築こうと努力しましたが、無駄でした。

経理部をはじめとした社員たちもまた、完全にE社長の言いなりといった感じで、内部監査に対しお世辞にも協力的とはいえませんでした。

領収書や請求書を一枚、提出してもらうだけでも一苦労で、なんやかんやと言い訳をつけられ、いつまでたっても書類が手元に届きません。疑問点について突っ込んだ質問をしても、答えははぐらかされるばかりで、何をするにも時間がかかって仕方がありません。

それでもTさんは諦めることなく、粘り強く調査を進めました。

そして、一つのほころびにたどり着いたのでした。

本社激震！ 明るみに出た品質不正

「社長、工場を見せてもらいましたが、本社が定める手順や工程が守られていないようですね。現物を一つ、本社に送って、品質に問題がないか確認させてもらいます」

Tさんがそう言うと、E社長は机をガンと叩きました。

「タイではな、日本の品質は明らかに過剰なんだ！ 本社の言うとおりやっていたら、手間ばかりかかって利益なんて出ないんだよ！」

その時点でE社長は、本社の品質基準を満たしていないと認めたようなものです。

（品質不正……これは間違いなく、大きなトラブルになる）

Tさんは、これまで隠されてきたパンドラの箱を自らの手で開けたのだと感じました。

帰国後、本社社長に直接の報告を命じられ、ありのままを伝えると、社長はしばらく押し黙ってから、重々しく言いました。

「下手をすれば、リコールまであるぞ……」

自社の部品が原因で、自動車のリコールが起きれば、その損害賠償は天文学的な数字となるのは目に見えています。

本社では、すぐにタイに本格的な調査団を派遣し、詳しい調査を行いました。

Tさんは事の成り行きを、固唾を飲んで見守っていました。

調査結果が出たのは1カ月後のことでした。

「結論から言うと、最悪の事態は免れるだろう。たしかに部品は本社の基準を満たしていなかったが、一般的には問題のないレベルだった」

監査部長からそう聞いて、Tさんは胸をなでおろしました。

「しかし、自社の子会社で品質問題が起きたというニュースはもはや業界内に知れ渡ってしまった。各自動車メーカーからも、事実確認の電話が鳴りやまない。信頼の失墜はもはや避けられないだろうな」

「そうですか。E社長はなんと言っているんですか？」

「自分には問題がない、間違っているのは本社のほうだという主張を繰り返している。調査によると、子会社では絶対的な存在で、逆らう社員など誰もいなかったそうだから、ずいぶん前から〝裸の王様〟だったのだろう。すべてが明るみに出るにはまだ時間がかかりそうだが、いずれにせよこのまま社長の椅子に座らせてはおけない」

そう言うと監査部長はため息を一つ、つきました。

「あいつは、俺の同期なんだよ。まじめで几帳面で、愛社精神の強い男だったが……タイに20年もいれば、もう感覚は現地人と変わらないか。残念だよ……」

解説編

内部通報制度の導入で、子会社の不正もいち早く察知

海外に子会社を作る場合、その土地に精通し、かつ優秀な日本人社員がいるというのは心強いものです。

駐在員として訪れたタイを気に入り、定住を決めたE社長も、会社にとっては貴重な人材であり、社長を任せる際にも異論は出なかったでしょう。

しかし、長期政権には腐敗が付き物です。いくら代わりが見当たらないからといって、ずっと同じ人物に子会社の舵取りを任せるのは避けるべきで、長くても4～5年に一度はトップを変えたいところです。

E社長の例で言うと、最初から本社の人間として一目置かれ、さらに会社の業績を上げたことで社員たちから尊敬を集め、いつしか強大な権力を持つようになっていきました。すべては自分の一存で決まり、やりたいように会社を動かせたE社長

にとって、本社からの指令は多くの場合、煩わしいものでした。「本社の連中は、タイのことを何も知らない」「そんなことをタイでやっても成功しない」……そうして次第に指示を聞かなくなっていったことが、品質不正につながっていきます。

いくら優秀な子会社であっても、あまりに裁量を与えすぎれば暴走する恐れがあり、権力者によって問題や不正ももみ消されかねません。やはり本社がしっかりとグリップし、定期的に現地で確認を行う必要があります。

なお、問題や不正を明らかにするという文脈でいうと、近年注目を集めているのが、内部通報制度です。２０２２年6月より改正公益通報者保護法が施行され、アルバイトや契約社員などを含み３０１名以上の社員がいる企業に対しては、内部通報制度の導入が義務付けられています。

内部通報制度とは、社内の問題や不正行為を発見した社員が上司を通さず、社内の窓口へ報告できる制度のことで、公益通報制度とも呼ばれます。

近年はこの内部通報の数が多いほど、風通しがよく良い会社であると評価される傾向があり、その数を公表している大企業も珍しくありません。

海外子会社に対しても内部通報制度を導入することで、本社が問題や不正を把握しやすくなるのは間違いありません。なお、従業員数が300人以下の会社は、公益通報制度の整備は「努力義務」であり、法的な義務ではありません。ただ、ここで述べるような効果から公益通報制度の整備を前向きに検討することをおすすめします。

ちなみに内部通報とよく似た言葉として「内部告発」がありますが、内部通報があくまで社内に向けて行われるのに対し、内部告発はマスコミなど外部に向けて発信されるもので、自社の内情が世間の知るところとなります。したがって内部通報がしやすい環境を整え、そこで明らかになった問題としっかりと向き合って解決していけば、内部告発に至るリスクを減らすことができるはずです。

ケース⑫

架空仕入れや横領が横行

……ベトナムで事業をする難しさ

アジアにおいて特に経済成長が著しい国の一つが、ベトナムです。

労働集約型産業からの需要は高く、日本を含めいくつもの先進国の企業がベトナムに進出し、ビジネスを展開しています。

しかし、ベトナムにおける事業環境は、決して整っているとはいえません。

日本の大手製造会社がベトナムの会社をM&Aし、その子会社の社長として白羽の矢が立ったのがYさんでした。

Yさんは中国での勤務歴が長く、その実績を買われての辞令です。自分としても「中国でうまくやれたのだから、ベトナムでも大丈夫だろう」と、ある程度の自信を持って現地に赴いたのでした。

そんなYさんの読みは、大きく裏切られることになります。

着任してしばらくすると、Yさんは仕入れに関する数字がおかしいことに気づきました。

（この材料の仕入れ値がやけに高いな……聞いていた相場とはまるで違う）

すぐに経理部長を呼び確認したところ、相手はこともなげに言いました。

「ああ、それは前社長の親戚の会社との取引です。たしかに相場よりは高いですが、まあ付き合いですよ」

当然ながら、Yさんとしてはそのまま見逃すことはできません。

仕入れ先の再検討を行い、適正な価格と品質で納品してくれる業者を新たに見つけました。

それに対し、経理部長はかなり不服の様子でした。

「社長、いいですか。ベトナムでは付き合いが大切なのです。これまでの関係性がある中で取引していますから、それを壊さないでほしい」

Yさんは意に介さず、そのほかの取引先の見直しも行いました。

しかし、そうして無駄なコストを抑えたのにもかかわらず、仕入れ値は相変わらず高いままです。

（これはおかしい……何か裏がある）

そこでYさんは内密に経理部長を調べたところ、驚くべき事実がわかりました。経理部長が前社長と組んで行っていたこと……それは資材の架空仕入れでした。経理部で購買伝票を偽造し、その支払いを社長が承認、そうして作った金を、二人で着服していたのです。

これは明らかに犯罪であり、Yさんはすぐに警察に通報、裁判に発展しました。

そのほかにも、額面のない小切手にあらかじめ前社長がサインをしておき、経理部長をはじめとした幹部社員が好きに使うなどの横領も明らかになりました。

そして子会社の決算についても二重帳簿で行われており、粉飾決算が常態化していました。日本の本社もまんまとその偽装に騙され、M＆Aを実施してしまったのでした。

またもう一つ、子会社から多額の資金が投じられていたのが、賄賂でした。

税務担当官、役所の担当者、地元の政治家、警察まで、実に幅広く賄賂がばらまかれており、それが財務を圧迫するほどまでになっていました。

そこまで不正にまみれた子会社を立て直すのは難しく、大手製造会社はベトナムからの撤退を決断し、投資が泡と消えたのでした。

解説編

ベトナムで現地化を望むなら、本社主導のガバナンス強化が必須

現在でも比較的人件費が低く、その一方で労働者の質は高いと言われているベトナム。人口の増加が続いており、国民の平均年齢も非常に若く、人口の増加も続いており、消費市場としても有望です。また、中国への投資リスクを一部回避すべく、第二の拠点をベトナムに設ける「チャイナプラスワン」の候補国としても注目されています。

そうしてさらなる発展が見込まれるベトナムですが、現状としてはまだまだ事業環境が整っているとは言えず、課題が山積しています。

事例にもあるとおり、架空仕入れや横領といった不正がしょっちゅう起きます。親族の優遇やキックバック、賄賂に関しては現地ではもはや悪い事と認識されておらず、海賊版や違法ライセンスの使い回しも当たり前に行われています。日本企業

なら、そのあたりの価値観の違いに、大いに戸惑うはずです。

また、一般論としてよく言われるのが、「ベトナムでは男性より女性のほうが優秀である」という評価です。これはベトナム人と働いた経験のある人なら、多かれ少なかれ感じることだと思います。

実際に、ベトナムに会計事務所を構える私の知人は、能力主義で採用を行ってきた結果、社員の9割が女性になったと言います。私もアメリカで仕事をしていたころ、同僚にベトナム人の女性がいましたが、優秀であるのに加え、誠実で義理堅く、周りから大変好かれていました。

一方で、男性はかなり個人差が大きい印象です。もちろん優秀な人材もいますが、一方で労働意欲に欠け、いかにして楽をするかばかり考えているような人も多く見かけます。

男性を幹部として採用するなら、しっかりとその本質を見抜かねばなりません。最終学歴や職歴といったデータよりも、まずは誠実な人間かどうかを見極めたいところです。

ベトナムという国で事業を成功させたいなら、現地の人々にある程度の権限を与え、彼ら彼女らのやり方に任せる必要がありますが、一方で先ほどから述べてきたとおり不正が起きやすいため、それを抑制する仕組みや、監視の目を設けるべきでしょう。本社主導でコンプライアンス教育や内部統制をしっかり実施していくのが大切です。

コラム

現地生活編②

とある会計士の受難

……不正な引き出しで口座の残高が100円に

2020年3月、イギリス。

新型コロナウィルスがアジアからヨーロッパ全土に広まりつつある中、私（著者）は会計業界で聖地と呼ばれるロンドンで働いていました。

島国であり、パンデミックの到達が比較的遅かったイギリスでは、3月の段階で感染者は増えつつも、人々はさほど変わらぬ日常を過ごし、私もまた仕事に追われていました。チームスタッフとの打ち合わせ、クライアント対応、デスクワーク、同僚とのコミュニケーション……とにかく目の前のタスクをこなすだけで精いっぱいでしたが、充実していました。

とある日のこと、就業時間内になんとか仕事を片付け、疲れ果てて帰路についた私のスマートフォンが鳴りました。

（税金還付のお知らせ、か……）

メールはイギリス当局からで、税金の還付を受けるべく必要な書類に情報を記載してほしいという内容でした。イギリスでは、働き始めてから2年の間、一定の条件を満たすことで特別に税金の還付が受けられます。DXが進行中のイギリスでは、税金の申告もすべてオンラインで行えるため、私は帰りの電車に揺られながら細かな項目を書き連ね、ようやく送付した頃にはすでに降りる駅が間近に迫っていました。

翌日も目まぐるしく仕事をこなして帰路につき、ペンキで〝WATCH OUT(気をつけろ)〟と書かれた駅のホームを踏みしめ、帰りの電車へ飛び乗ります。

ほっと一息ついていると、スーツのポケットでスマートフォンが震えています。

相手をよく確認しないまま、とりあえず電話に出たところ、やや訛りの強い英語が耳に飛び込んできました。

「私はV銀行の者ですが、あなたの銀行口座に問題が起きているようです。ついては、明日銀行に来てもらえますか」

「どういうことですか」

「詳しくは明日お話しますので。9時にクリスという担当者を訪ねてください」

銀行口座のトラブルとは、無視できない話です。

そこで、私は午前休みを取って銀行を訪れました。

「クリス氏と9時にアポイントがあります」

受付でそう言うと、相手は怪訝そうに言います。

「クリス……うちにはそんな名前の行員はいませんが」

「え、そんなはずはありません。たしかに電話でそう指示されたのですが……」

そこまで言って、私ははっとしてスマートフォンを取り出し、アプリで口座を確認してみました。

そこに表示された残高は0・52ポンド。日本円にして100円にも満たぬ金額でした。

本来、口座には当面の生活費である100万円ほどがポンドとして入っていたはずです。それが跡形もなく消えていたのです。

◉還付金詐欺で狙われた〝外国人〟

このままでは次の給料日まで過ごすことができません。

私は大いに慌て、銀行の受付担当者に必死に事情を伝えました。

するとわかってくれたようで、担当者は私を別の部屋に連れて行きました。その部屋の中央には机があり、その上に電話が一つ置かれていました。

「この電話で、不正な支出を専門に扱うカスタマーサービスに電話をかけて、相談してみてください」

それだけ言うと担当者は部屋を出て行き、私はすぐに教えられた番号をダイヤルしました。何度かの呼び出し音の後で、女性の声が返ってきました。

「実は、口座からお金が無くなっているんです……」

焦る気持ちを抑え、事の次第をできるだけ正確に伝えていくと、女性は冷静な口調で言いました。

「この時期によく起きる、外国人をターゲットとした詐欺の可能性が高いです。還付金を餌に、イギリス当局を偽ったメールを送ってくるんです。そのメールフォームに情報を記載してしまうと、不正に口座にアクセスされ、お金を取られるのです」

たしかに、私もうかつでした。還付金手続きのタイミングとちょうど重なったこともあり、疑いもせずに重要な個人情報を書き込んでしまったのです。

「そういえばその日のうちに、御行の行員を名乗る男から連絡があり、不正出金の可能性があるから明日、銀行に行って担当者と会えと言われました。あれは一体何だったのでしょう……」

「おそらく、犯行の発覚を少しでも遅らせようとしたのでしょう。そうして連絡を入れておけば、少なくともすぐに銀行や警察に駆け込まれるのは防げますから」

「そうですか」

「残念ですが、犯罪者の特定やお金を取り返すことは、まずできないと考えてください」

薄々わかってはいましたが、はっきりとそう告げられて、私は目の前が真っ暗になり、足の力が抜けそうになりました。

「ただ、あなたの状況はよくわかりました。今後の対応を検討したいと思います」

女性はそう約束し、いったん電話が終わりました。

それからが大変です。

手元にはわずかな現金しかなく、それで次の給料日までの2週間をやり過ごさねばなりません。さらにそこからパンデミックが本格化し、イギリスでも外出を控えるよう通達が出て、同僚たちと会えなくなったので、お金を借りることもできません。

まさに八方ふさがりでした。

◉ロックダウン下で手元の資金が尽き、絶体絶命

その後、カスタマーサービスの女性から何度か連絡が入り、口座の出入金について細かく聞かれました。犯人たちは数回に分けて口座から金を引き出したようで、それがどの記録なのか特定し、正確な被害額を割り出すためでした。

女性の英語はイギリス訛りが強く、電話口ですべてを聞き取るのは難しかったですが、私としてはその女性しか頼れる相手はいません。

とにかく必死に説明し、意思の疎通を図り、なんとか銀行で被害額を補償してもらえないかと、何度も頼みました。

それから1週間経ち、手元の資金はついに底を尽きました。

相変わらずまともに外出できない状況が続き、いよいよ打つ手がなくなりました。

何もやる気が起きずベッドで横になっていると、スマートフォンに着信が入りました。

相手は、カスタマーサービスの女性でした。

「調査の結果、当行はあなたの訴えを受け入れ、盗まれた全額を返金することに決まりました。本日の午後にはお金が振り込まれているはずです」

「ほ、本当ですか……」

私が喜びのあまり言葉を失っていると、女性は言いました。

「本当に良かった。今後は気をつけてください。ここは安全な日本ではなく、ロンドンなのですから」

その言葉は、今でも教訓として私の胸に刻まれています。

海外では常に不正の影がつきまとい、油断すればすぐに足をすくわれてしまいます。ビジネスでもプライベートでも、うまい話や怪しい話にはくれぐれも注意し、不用意に飛びつくことがないようにしてほしいと思います。

おわりに

「ICHIRO BREAKS GEORGE SISLER'S HITS RECORD!」

（イチロー、ジョージ・シスラーが持つ1シーズンの安打記録を破る！）


そんな過去のニュースが、いまだに私の心に刻まれています。

当時の私は、公認会計士を目指して食事もろくに取らず自習室に通う毎日を送っていました。勉強、勉強という中で、海外で躍動し、努力によって高い壁を突破するイチロー選手をはじめとした日本人のスポーツ選手たちの活躍を、まぶしく眺めていました。

いつかは自分も海外を舞台に、仕事をしたい。

そう夢見るようになったのが、すべての始まりだったのかもしれません。

それから20年もの時が流れました。

日本経済は他国に比べて成長が鈍化し、最近では過去30年以上経験しなかった円安が続き、かつてないほど「安い国」となってしまいました。

しかし30代、40代の次世代経営者や次世代リーダーを見てみると、躊躇なく海外へ進出し、海外と取引をして、円安をチャンスに変えようとする人も多くいます。

海外で実力を試したい。

日本で付けた実力や技術を海外でも売り出したい。

会社を代表して海外へ行く。

そんな人や企業を今、私は支援しています。

国内でも海外でも安心して事業に取り組めるよう、内側から内部統制を支え、時には経営者としての悩みや思いに耳を傾け、誰にも話せないことについて壁打ちの相手となる……それが私の使命であると考えています。

そうして数多くの海外に進出する人や企業と共に時間を過ごし、時に現地まで足を運び、苦楽を共にする中で、言葉、文化、宗教などいくつもの壁を超えながら事業を成功に導く難しさを肌で感じてきました。

本書では、そんな私の経験に紐づいた、海外進出の具体的な失敗事例をいくつも取り上げています。

実話に近い物語の中で、時に頭を抱え、時にがっくりと肩を落とす主人公たちのその様子に、海外進出の難しさを感じた人もいると思います。

しかしだからといって、やる前から諦めてしまえば、それまでです。

本書はあくまで「転ばぬ先の杖」という位置付けであり、これから海外を目指す経営者や次世代リーダーたちに少しでも役立つよう、たくさんのエッセンスを込めたつもりです。


「いつかは、海外で勝負してみたい……」

そんな気持ちのある経営者や次世代リーダーは、多いと思います。

ただ、実際に海外進出のための具体的なプランがあるかと聞かれれば、イエスと答える人は少ないかもしれません。

では、なぜ興味があるのに実行に移さないのかと問われたら、どう返すでしょう。

まだ、国内で十分やっていけるから。

海外で事業をするのはまだリスクが高いから。

国際情勢が良くないから。

為替レートが不利だから。

さまざまな理由が聞こえてきそうです。


しかし、事業も人生も、ただチャンスを待っているだけでは、何も変わらないものです。

もしも海外進出を望む気持ちがあるのなら、この本を閉じたその瞬間から、実行のための計画を立て始めることをおすすめします。

縮小する日本市場、少子高齢化の波、進むグローバル化……。もはや海外に出るべき理由は、十分すぎるほど揃っているはずです。

まさに、今この時がグローバル経済への参加を真剣に検討すべきタイミングなのです。


たしかに海外進出は、そう甘くはありません。

本書でも紹介しきれなかったような、思わぬ異文化の壁が立ちはだかり、予想外のトラブルに巻き込まれるかもしれません。

しかし、それでも、恐れず前に進み続けてほしいと思います。

試練を乗り越えたものだけが、広大な市場と豊かな未来を手にすることができるからです。

本書がひとつの縁となり、日本から世界へと羽ばたく人が一人でも増えたなら、著者としてそれ以上の喜びはありません。

最後に、本を執筆するにあたって協力を頂いた、香港を中心にアジアと日本でのビジネス支援を行う笹山貴弘氏、ベトナムを中心とした東南アジアでますますの活躍をする菅野智洋氏、ＩＰＯと海外ガバナンス領域にて目覚ましい活躍をする中辻仁氏に、この場を借りて深く感謝いたします。

２０２４年７月吉日

森　大輔

森 大輔（もり／だいすけ）

公認会計士・税理士・公認不正検査士

愛知県に生まれる。2008年にあらた監査法人（現 PwC Japan有限責任監査法人）に入所し、多種多様な業種、上場・非上場会社、中小企業、外資系企業への各種財務諸表監査（会社法、金融商品取引法、AUP、リファーラル監査等）、内部統制監査（J-SOX、US-SOX、会社法）、内部監査プロジェクト、内部統制及び会計アドバイザリー業務等に従事する。

2014年にPwC米国法人へ赴任し、米国企業を相手に、世界一厳格だといわれるPCAOB監査・US-SOX監査に従事。2019年にはイギリス・ロンドンにあるPwC英国法人へ赴任し、ジャパンデスクの一員として各種サービス提供に従事。数多くのプロジェクトで現場統括責任者（エンゲージメントマネージャー）を経験するだけでなく、世界中から集まる多国籍集団をまとめ上げ、プロフェッショナルサービスを提供。

2022年には森大輔公認会計士事務所を開設し、2024年にはSMASH国際アドバイザリー合同会社及びSMASH国際監査法人を設立。国内上場・非上場企業、外資系企業並びに中小企業を中心に、各種監査業務、財務デューデリジェンス、会計コンサルティングや内部監査・内部統制サポートのサービスを提供している。自身も税理士法人を主体とする総合コンサルティングファームであるSMASHグループの代表を務める顔を持ち、事業承継の当事者目線を理解したサービスで後継社長から圧倒的な信頼を得ている。

森大輔公認会計士事務所ウェブサイト
https://www.md-cpaoffice.jp/

〈取材協力〉

笹山貴弘　公認会計士・税理士
　ジャパンビジネスストラテジー株式会社　代表取締役

菅野智洋　公認会計士
　マナボックスベトナム　代表

中辻　仁　公認会計士・税理士
　マジリス株式会社　代表取締役CEO

森大輔公認会計士事務所

国内非上場・上場企業および外資系企業に対して、財務諸表監査、内部統制（J-SOX／US-SOX含む）監査やアドバイザリー業務、内部監査支援、国内外（日本・米国）の株式上場（IPO）支援業務、国際会計基準（IFRS）導入支援業務並びに中小企業を中心とした財務デューデリジェンス業務等、幅広いサービスを提供している。特に昨今では、海外子会社の内部監査・ガバナンス支援に関する業務を数多く提供し、また、グローバルな市場で果敢に戦う経営者・企業を応援している。

森大輔公認会計士事務所HP

SMASH国際監査法人

海外経験豊富なパートナーにより設立された日本国内でも珍しい本格的な国際業務に対応可能な中小規模の監査法人である。北米、英国、欧州、中東並びに東南アジアでの経験を豊富に有する社員により構成され、グローバル企業、外資系企業並びにインバウンド・アウトバウンドにチャレンジする企業に対して、財務諸表監査、AUP（合意された手続業務）、内部統制・内部監査アドバイザリー業務、会計決算支援業務等を提供している。

SMASH国際監査法人HP

《SMASHグループとは》

SMASHグループは、あらゆるバックオフィス業務に関するプロフェッショナルサービスを提供するそれぞれ独立した6法人の総称。その中で中心的存在である税理士法人スマッシュ経営は、創業45年を超え、愛知県三河地方で最大規模を誇り、法人・個人への税務申告及びコンサルティングサービスを提供し、Webによる税務顧問サービス「ZEITAKU」を全国展開している。特に、資産税・相続税分野では愛知県下においてトップクラスの申告件数（年間300件超）を誇っている。

「ご縁あるところすべてに特別な毎日を届ける」ことをビジョンに掲げ、中小企業を中心に世に存在するあらゆる課題の解決に貢献し、グループ全体で約100名を超える従業員と多様な国家資格保持者（公認会計士、税理士、社会保険労務士、行政書士、宅地建物取引士、弁護士、その他専門スタッフ）から成る専門家集団によるクライアントへのサービス提供をしている。

SMASHグループHP

SMASH

グループ企業

株式会社 SMASH HD	株式会社SBC	株式会社 スマッシュ不動産
税理士法人 スマッシュ経営	社会保険 労務士法人 SMASH ROUMU	行政書士法人 SMASH申請代行

グループ提携企業

SMASH 国際アドバイザリー 合同会社	SMASH 国際監査法人	森大輔 公認会計士事務所

次世代《じせだい》リーダーが知《し》っておきたい
海外進出《かいがいしんしゅつ》“失敗《しっぱい》”の法則《ほうそく》

2024年 9月 3日　初版第 1 刷発行

著　　者　森 大輔
発 行 人　仲山洋平
発 行 元　株式会社フォーウェイ
〒150-0032　東京都渋谷区鶯谷町3-1 SUビル202
電話 03-6433-7585（編集）／FAX 03-6433-7586
https://forway.co.jp
発 売 元　株式会社パノラボ
〒150-0032　東京都渋谷区鶯谷町3-1 SUビル202
電話 03-6433-7587（営業）／FAX 03-6433-7586
編集協力　國天俊治
装丁・本文デザイン　JUNGLE（三森健太）
本文DTP　bird location（吉野章）
校　　正　横川亜希子
プロデュース　江崎雄二（フォーウェイ）
印刷・製本　シナノ

ISBN978-4-910786-07-0